Das Sachverständigenwesen

Die gesetzlichen Bestimmungen und Verordnungen über die Anstellung und Beeidigung von Sachverständigen durch die Handelsvertretungen und die Gerichte im Deutschen Reiche sowie die einschlägigen Gebührenordnungen

Im Auftrage des

Verbandes Deutscher Gutachterkammern e. V.

zusammengestellt und mit Hinweisen versehen

von

Kurt Perlewitz

Beratender Ingenieur V. B. I. und beeidigter Sachverständiger für Elektrotechnik für die Gerichte im Bezirk der Kgl. Landgerichte I, II, III und das Kammergericht zu Berlin

Springer-Verlag

Berlin Heidelberg GmbH

1915

ISBN 978-3-662-38838-9 ISBN 978-3-662-39756-5 (eBook)
DOI 10.1007/978-3-662-39756-5

Sonderabdruck
aus
Mitteilungen des Verbandes Deutscher Gutachterkammern e. V.
Heft 15, 1916.

Nachtrag I

zu dem Buche

„Das Sachverständigenwesen"

von **Kurt Perlewitz.**

(Seite 44.)

Allgemeine Verfügung vom 24. November 1915 über die Berechnung der Gebühren der Sachverständigen.

(Just.-Min.-Bl. 1915 S. 275.)

Zur Herbeiführung eines einheitlichen Verfahrens bei Berechnung der den Sachverständigen nach der Gebührenordnung für Zeugen und Sachverständige zu gewährenden Vergütungen bestimme ich folgendes:

1. Gemäß § 3 Abs. 3 der Gebührenordnung sind dem Sachverständigen auch die zur Vorbereitung des Gutachtens aufgewendeten Auslagen für Hilfskräfte zu vergüten. Bei Bemessung dieser Vergütung kann der übliche Betrag derartiger Unkosten zugrunde gelegt werden. Wenn die Angaben des Sachverständigen über die Höhe des von ihm aufgewendeten Betrags glaubhaft erscheinen, ist von Beibringung einer Bescheinigung über die Auszahlung an die Hilfspersonen abzusehen.

2. Durch den unter den Voraussetzungen des § 4 der Gebührenordnung zu gewährenden üblichen Preis soll der Sachverständige die gleiche Vergütung erhalten, die er für seine Leistung außerhalb eines gerichtlichen Verfahrens im freien Verkehre beanspruchen könnte. Einer Berechnung der auf die Leistung verwendeten Zeit bedarf es dann nicht, wenn die Höhe des üblichen Preises von der auf die Leistung verwendeten Zeit nicht abhängt.

3. Liegen die Voraussetzungen des § 4a der Gebührenordnung vor, so ist eine ins einzelne gehende Berechnung der beanspruchten Gebühr, insbesondere eine Angabe über die auf die Leistung verwendete Zeit nicht erforderlich.

Berlin, den 24. November 1915.

Der Justizminister.
Dr. Beseler.

Vorwort.

Die einschlägigen gesetzlichen Bestimmungen und ministeriellen Verfügungen über die von den Handelsvertretungen öffentlich angestellten und vereidigten Gewerbetreibenden (öffentlich angestellten Sachverständigen) sowie über die von den Gerichten ein für allemal beeidigten Sachverständigen sind meines Wissens bisher an keiner Stelle übersichtlich zusammengestellt zu finden, obwohl eine solche Sammlung dem Sachverständigen oft gute Dienste leisten würde. Angeregt durch meine Tätigkeit als Schriftführer des „Verbandes Deutscher Gutachterkammern e. V.", Berlin [1]), und im Auftrage des Geschäftsführenden Ausschusses dieses Vereins habe ich daher den Versuch unternommen, alle Bestimmungen, die sich auf die Sachverständigentätigkeit beziehen, zu sammeln und in diesem Werkchen übersichtlich zu ordnen.

Die Einteilung des Stoffes ergab sich aus den beiden oben genannten Klassen von Sachverständigen. Im Anschluß an die bestehenden reichsgesetzlichen Bestimmungen sind die Ausführungsbestimmungen der preußischen Ministerien vollinhaltlich wiedergegeben, während die bundesstaatlichen Bestimmungen nur soweit Berücksichtigung fanden, als sie von den preußischen Bestimmungen abweichen, wobei indessen die in Frage kommenden Gesetze und Verfügungen nach Möglichkeit so genau bezeichnet wurden, daß eine weitergehende Information leicht möglich ist.

---

[1]) Die in mehreren Städten Deutschlands seit Jahren bestehenden Gutachterkammern sind eingetragene Vereine beeidigter Sachverständiger, welche ebenso wie der Verband Deutscher Gutachterkammern e. V., Berlin, Sachverständige aus allen Fachgebieten kostenlos nachweisen. Das Veröffentlichungsorgan der oben genannten Vereine sind die „Mitteilungen des Verbandes Deutscher Gutachterkammern".

In einem Anhang sind noch die von der Handelskammer Berlin angenommenen Bestimmungen über Anstellung und Tätigkeit der öffentlich angestellten Sachverständigen, die Bestimmungen für die beeidigten und öffentlich angestellten Handelschemiker sowie Beispiele von Vorschriften für Handwerkskammer- und Gewerbekammer-Sachverständige abgedruckt. Schließlich sind einige Beispiele von Tarifen für Sachverständige, wie sie die Oberlandesgerichtspräsidenten im Anschluß an die Neuregelung der Gebührenordnung i. J. 1914 erlassen haben, gegeben.

Ich übergebe die Sammlung der Öffentlichkeit mit dem Wunsche, daß meine Kollegen hieraus Nutzen ziehen mögen, und mit der Bitte, mich im allgemeinen Interesse auf etwaige Fehler und Unvollständigkeiten freundlichst hinweisen zu wollen.

Berlin-Friedenau im September 1915.
Canovastr. 4.

Der Verfasser.

Inhaltsübersicht.

I. Reichsgesetzliche Bestimmungen über Sachverständige.

1. Die Bestimmungen der Zivilprozeßordnung über den Beweis durch Sachverständige [1]).

Reichsgesetz vom 30. Jan. 1877/17. Mai 1898 (§§ 402/414).

§ **402.** Auf den Beweis durch Sachverständige finden die Vorschriften über den Beweis durch Zeugen entsprechende Anwendung, insoweit nicht in den nachfolgenden Paragraphen abweichende Bestimmungen enthalten sind.

§ **403.** Die Antretung des Beweises erfolgt durch die Bezeichnung der zu begutachtenden Punkte.

§ **404.** Die Auswahl der zuzuziehenden Sachverständigen und die Bestimmung ihrer Anzahl erfolgt durch das Prozeßgericht. Dasselbe kann sich auf die Ernennung eines einzigen Sachverständigen beschränken. Es kann an Stelle der zuerst ernannten Sachverständigen andere ernennen.

Sind für gewisse Arten von Gutachten Sachverständige öffentlich bestellt, so sollen andere Personen nur dann gewählt werden, wenn besondere Umstände es erfordern.

Das Gericht kann die Parteien auffordern, Personen zu bezeichnen, welche geeignet sind, als Sachverständige vernommen zu werden.

Einigen sich die Parteien über bestimmte Personen als Sachverständige, so hat das Gericht der Einigung Folge zu geben;

---

[1]) Als praktischer und billiger Kommentar sei genannt Sydow-Busch „Zivilprozeßordnung mit Gerichtsverfassungsgesetz", Verlag von J. Guttentag, Berlin 1913. Preis geb. 8 Mk. Als ein ausführlicherer Kommentar ist der von Förster-Kann im Verlage von Carl Heymann, Berlin, erschienene zu empfehlen.

das Gericht kann jedoch die Wahl der Parteien auf eine bestimmte Anzahl beschränken.

§ **405.** Das Prozeßgericht kann den mit der Beweisaufnahme betrauten Richter zur Ernennung der Sachverständigen ermächtigen. Derselbe hat in diesem Falle die in dem vorstehenden Paragraphen dem Prozeßgerichte beigelegten Befugnisse auszuüben.

§ **406.** Ein Sachverständiger kann aus denselben Gründen, welche zur Ablehnung eines Richters berechtigen, abgelehnt werden[1]). Ein Ablehnungsgrund kann jedoch nicht daraus entnommen werden, daß der Sachverständige als Zeuge vernommen worden ist.

---

[1]) Maßgebend sind die nachstehenden §§ 41/43 der ZPO.

§ **41. ZPO.** Ein Richter ist von der Ausübung des Richteramts kraft Gesetzes ausgeschlossen:

1. in Sachen, in welchen er selbst Partei ist, oder in Ansehung welcher er zu einer Partei in dem Verhältnisse eines Mitberechtigten, Mitverpflichteten oder Regreßpflichtigen steht;
2. in Sachen seiner Ehefrau, auch wenn die Ehe nicht mehr besteht;
3. in Sachen einer Person, mit welcher er in gerader Linie verwandt, verschwägert oder durch Adoption verbunden, in der Seitenlinie bis zum dritten Grade verwandt oder bis zum zweiten Grade verschwägert ist, auch wenn die Ehe, durch welche die Schwägerschaft begründet ist, nicht mehr besteht;
4. in Sachen, in welchen er als Prozeßbevollmächtigter oder Beistand einer Partei bestellt oder als gesetzlicher Vertreter einer Partei aufzutreten berechtigt ist oder gewesen ist;
5. in Sachen, in welchen er als Zeuge oder Sachverständiger vernommen ist;
6. in Sachen, in welchen er in einer früheren Instanz oder im schiedsrichterlichen Verfahren bei der Erlassung der angefochtenen Entscheidung mitgewirkt hat, sofern es sich nicht um die Tätigkeit eines beauftragten oder ersuchten Richters handelt.

§ **42.** Ein Richter kann sowohl in den Fällen, in welchen er von der Ausübung des Richteramts kraft Gesetzes ausgeschlossen ist, als auch wegen Besorgnis der Befangenheit abgelehnt werden.

Wegen Besorgnis der Befangenheit findet die Ablehnung statt, wenn ein Grund vorliegt, welcher geeignet ist, Mißtrauen gegen die Unparteilichkeit eines Richters zu rechtfertigen.

Das Ablehnungsrecht steht in jedem Falle beiden Parteien zu.

§ **43.** Eine Partei kann einen Richter wegen Besorgnis der Befangenheit nicht mehr ablehnen, wenn sie bei demselben, ohne den ihr bekannten Ablehnungsgrund geltend zu machen, in eine Verhandlung sich eingelassen oder Anträge gestellt hat.

Das Ablehnungsgesuch ist bei demjenigen Gericht oder Richter, von welchem die Ernennung des Sachverständigen erfolgt ist, vor der Vernehmung desselben, bei schriftlicher Begutachtung vor erfolgter Einreichung des Gutachtens, anzubringen. Nach diesem Zeitpunkt ist die Ablehnung nur zulässig, wenn glaubhaft gemacht wird, daß der Ablehnungsgrund vorher nicht geltend gemacht werden konnte. Das Ablehnungsgesuch kann vor dem Gerichtsschreiber zu Protokoll erklärt werden. Der Ablehnungsgrund ist glaubhaft zu machen; zur Versicherung an Eides statt darf die Partei nicht zugelassen werden.

Die Entscheidung erfolgt von dem im zweiten Absatze bezeichneten Gericht oder Richter; eine vorgängige mündliche Verhandlung der Beteiligten ist nicht erforderlich.

Gegen den Beschluß, durch welchen die Ablehnung für begründet erklärt wird, findet kein Rechtsmittel, gegen den Beschluß, durch welchen dieselbe für unbegründet erklärt wird, findet eine sofortige Beschwerde statt.

§ **407.** Der zum Sachverständigen Ernannte hat der Ernennung Folge zu leisten, wenn er zur Erstattung von Gutachten der erforderten Art öffentlich bestellt ist, oder wenn er die Wissenschaft, die Kunst oder das Gewerbe, deren Kenntnis Voraussetzung der Begutachtung ist, öffentlich zum Gewerbe ausübt, oder wenn er zur Ausübung derselben öffentlich bestellt oder ermächtigt ist.

Zur Erstattung des Gutachtens ist auch derjenige verpflichtet, welcher sich zu derselben vor Gericht bereit erklärt hat.

§ **408.** Dieselben Gründe, welche einen Zeugen berechtigen, das Zeugnis zu verweigern[1]), berechtigen einen Sachverständigen

---

[1]) Über die Berechtigung zur Zeugnisverweigerung geben die §§ 383/386 der ZPO. und die §§ 51/54 der StPO. Auskunft, die nachstehend abgedruckt sind:

§ **383 ZPO.** Zur Verweigerung des Zeugnisses sind berechtigt:

1. der Verlobte einer Partei;
2. der Ehegatte einer Partei, auch wenn die Ehe nicht mehr besteht;
3. diejenigen, welche mit einer Partei in gerader Linie verwandt, verschwägert oder durch Adoption verbunden, oder in der Seitenlinie bis zum dritten Grade verwandt oder bis zum zweiten Grade verschwägert sind, auch wenn die Ehe, durch welche die Schwägerschaft begründet ist, nicht mehr besteht;
4. Geistliche in Ansehung desjenigen, was ihnen bei der Ausübung der Seelsorge anvertraut ist;

zur Verweigerung des Gutachtens. Das Gericht kann auch aus anderen Gründen einen Sachverständigen von der Verpflichtung zur Erstattung des Gutachtens entbinden.

---

5. Personen, welchen kraft ihres Amtes, Standes oder Gewerbes Tatsachen anvertraut sind, deren Geheimhaltung durch die Natur derselben oder durch gesetzliche Vorschrift geboten ist, in betreff der Tatsachen, auf welche die Verpflichtung zur Verschwiegenheit sich bezieht.

Die unter Nr. 1—3 bezeichneten Personen sind vor der Vernehmung über ihr Recht zur Verweigerung des Zeugnisses zu belehren.

Die Vernehmung der unter Nr. 4, 5 bezeichneten Personen ist, auch wenn das Zeugnis nicht verweigert wird, auf Tatsachen nicht zu richten, in Ansehung welcher erhellt, daß ohne Verletzung der Verpflichtung zur Verschwiegenheit ein Zeugnis nicht abgelegt werden kann.

§ **384.** Das Zeugnis kann verweigert werden:

1. über Fragen, deren Beantwortung dem Zeugen oder einer Person, zu welcher derselbe in einem der im § 383 Nr. 1—3 bezeichneten Verhältnisse steht, einen unmittelbaren vermögensrechtlichen Schaden verursachen würde;
2. über Fragen, deren Beantwortung dem Zeugen oder einem der im § 383 Nr. 1—3 bezeichneten Angehörigen desselben zur Unehre gereichen oder die Gefahr strafgerichtlicher Verfolgung zuziehen würde;
3. über Fragen, welche der Zeuge nicht würde beantworten können, ohne ein Kunst- oder Gewerbegeheimnis zu offenbaren.

§ **385.** In den Fällen des § 383 Nr. 1—3 und des § 384 Nr. 1 darf der Zeuge das Zeugnis nicht verweigern:

1. über die Errichtung und den Inhalt eines Rechtsgeschäfts, bei dessen Errichtung er als Zeuge zugezogen war;
2. über Geburten, Verheiratungen oder Sterbefälle von Familiengliedern;
3. über Tatsachen, welche die durch das Familienverhältnis bedingten Vermögensangelegenheiten betreffen;
4. über diejenigen auf das streitige Rechtsverhältnis sich beziehenden Handlungen, welche von ihm selbst als Rechtsvorgänger oder Vertreter einer Partei vorgenommen sein sollen.

Die im § 383 Nr. 4, 5 bezeichneten Personen dürfen das Zeugnis nicht verweigern, wenn sie von der Verpflichtung zur Verschwiegenheit entbunden sind.

§ **386.** Der Zeuge, welcher das Zeugnis verweigert, hat vor dem zu seiner Vernehmung bestimmten Termine schriftlich oder zum Protokolle des Gerichtsschreibers oder in diesem Termine die Tatsachen, auf welche er die Weigerung gründet, anzugeben und glaubhaft zu machen.

Zur Glaubhaftmachung genügt in den Fällen des § 383 Nr. 4, 5 die mit Berufung auf einen geleisteten Diensteid abgegebene Versicherung.

Die Vernehmung eines öffentlichen Beamten als Sachverständigen findet nicht statt, wenn die vorgesetzte Behörde des Beamten erklärt, daß die Vernehmung den dienstlichen Interessen Nachteile bereiten würde.

§ **409.** Im Falle des Nichterscheinens oder der Weigerung eines zur Erstattung des Gutachtens verpflichteten Sachverständigen wird dieser zum Ersatze der Kosten und zu einer Geldstrafe bis zu dreihundert Mark verurteilt. Im Fall wiederholten Ungehorsams kann noch einmal eine Geldstrafe bis zu sechshundert Mark erkannt werden.

Gegen den Beschluß findet Beschwerde[1]) statt.

Die Festsetzung und die Vollstreckung der Strafe gegen eine dem aktiven Heere oder der aktiven Marine angehörende Militärperson erfolgt auf Ersuchen durch das Militärgericht.

§ **410.** Der Sachverständige hat, wenn nicht beide Parteien auf seine Beeidigung verzichten, vor Erstattung des Gutachtens einen Eid dahin zu leisten:

daß er das von ihm geforderte Gutachten unparteiisch und nach bestem Wissen und Gewissen erstatten werde.

Hat der Zeuge seine Weigerung schriftlich oder zum Protokolle des Gerichtsschreibers erklärt, so ist er nicht verpflichtet, in dem zu seiner Vernehmung bestimmten Termine zu erscheinen.

Von dem Eingange einer Erklärung des Zeugen oder von der Aufnahme einer solchen zum Protokolle hat der Gerichtsschreiber die Parteien zu benachrichtigen.

§§ **51/52 StPO.** entsprechen dem vorstehend abgedruckten § 383 der ZPO.

§ **53.** Öffentliche Beamte, auch wenn sie nicht mehr im Dienste sind, dürfen über Umstände, auf welche sich ihre Pflicht zur Amtsverschwiegenheit bezieht, als Zeugen nur mit Genehmigung ihrer vorgesetzten Dienstbehörde oder der ihnen zuletzt vorgesetzt gewesenen Dienstbehörde vernommen werden. Für den Reichskanzler bedarf es der Genehmigung des Kaisers, für die Minister der Genehmigung des Landesherrn, für die Mitglieder der Senate der freien Hansestädte der Genehmigung des Senats.

Die Genehmigung darf nur versagt werden, wenn die Ablegung des Zeugnisses dem Wohle des Reichs oder eines Bundesstaates Nachteil bereiten würde.

§ **54.** Jeder Zeuge kann die Auskunft auf solche Fragen verweigern, deren Beantwortung ihm selbst oder einem der im § 51 Nr. 1—3 bezeichneten Angehörigen die Gefahr strafgerichtlicher Verfolgung zuziehen würde.

[1]) Vgl. die Bestimmungen der ZPO. und StPO auf S. 16 ff.

Ist der Sachverständige für die Erstattung von Gutachten der betreffenden Art im allgemeinen beeidigt, so genügt die Berufung auf den geleisteten Eid.

§ **411.** Wird schriftliche Begutachtung angeordnet, so hat der Sachverständige das von ihm unterschriebene Gutachten auf der Gerichtsschreiberei niederzulegen.

Das Gericht kann das Erscheinen des Sachverständigen anordnen, damit derselbe das schriftliche Gutachten erläutere.

§ **412.** Das Gericht kann eine neue Begutachtung durch dieselben oder durch andere Sachverständige anordnen, wenn es das Gutachten für ungenügend erachtet.

Das Gericht kann die Begutachtung durch einen anderen Sachverständigen anordnen, wenn ein Sachverständiger nach Erstattung des Gutachtens mit Erfolg abgelehnt ist.

§ **413.** Der Sachverständige hat nach Maßgabe der Gebührenordnung auf Entschädigung für Zeitversäumnis, auf Erstattung der ihm verursachten Kosten und außerdem auf angemessene Vergütung seiner Mühewaltung Anspruch.

§ **414.** Insoweit zum Beweise vergangener Tatsachen oder Zustände, zu deren Wahrnehmung eine besondere Sachkunde erforderlich war, sachkundige Personen zu vernehmen sind, kommen die Vorschriften über den Zeugenbeweis zur Anwendung.

2. Die Bestimmungen der Strafprozeßordnung über den Beweis durch Sachverständige.

Reichsgesetz vom 1. Febr. 1877 (§§ 72/85).

§ **72.** Auf Sachverständige finden die Vorschriften des sechsten Abschnitts über Zeugen entsprechende Anwendung, insoweit nicht in den nachfolgenden Paragraphen abweichende Bestimmungen getroffen sind [1]).

§ **73.** Die Auswahl der zuzuziehenden Sachverständigen und die Bestimmung ihrer Anzahl erfolgt durch den Richter.

Sind für gewisse Arten von Gutachten Sachverständige öffentlich bestellt, so sollen andere Personen nur dann gewählt werden, wenn besondere Umstände es erfordern.

§ **74.** Ein Sachverständiger kann aus denselben Gründen, welche zur Ablehnung eines Richters berechtigen, abgelehnt

---

1) Vgl. die §§ 51/54 der StPO. auf S. 5.

werden[1]). Ein Ablehnungsgrund kann jedoch nicht daraus entnommen werden, daß der Sachverständige als Zeuge vernommen worden ist.

Das Ablehnungsrecht steht der Staatsanwaltschaft, dem Privatkläger und dem Beschuldigten zu. Die ernannten Sachverständigen sind den zur Ablehnung Berechtigten namhaft zu machen, wenn nicht besondere Umstände entgegenstehen.

Der Ablehnungsgrund ist glaubhaft zu machen; der Eid ist als Mittel der Glaubhaftmachung ausgeschlossen.

§ **75.** Der zum Sachverständigen Ernannte hat der Ernennung Folge zu leisten, wenn er zur Erstattung von Gutachten der erforderten Art öffentlich bestellt ist, oder wenn er die Wissenschaft, die Kunst oder das Gewerbe, deren Kenntnis Voraussetzung der Begutachtung ist, öffentlich zum Gewerbe ausübt, oder wenn er zur Ausübung derselben öffentlich bestellt oder ermächtigt ist.

Zur Erstattung des Gutachtens ist auch derjenige verpflichtet, welcher sich zu derselben vor Gericht bereit erklärt hat.

§ **76.** Dieselben Gründe, welche einen Zeugen berechtigen, das Zeugnis zu verweigern, berechtigen einen Sachverständigen zur Verweigerung des Gutachtens[2]). Auch aus anderen Gründen kann ein Sachverständiger von der Verpflichtung zur Erstattung des Gutachtens entbunden werden.

Die Vernehmung eines öffentlichen Beamten als Sachverständigen findet nicht statt, wenn die vorgesetzte Behörde des Beamten erklärt, daß die Vernehmung den dienstlichen Interessen Nachteil bereiten würde.

§ **77.** Im Falle des Nichterscheinens oder der Weigerung eines zur Erstattung des Gutachtens verpflichteten Sachverständigen wird dieser zum Ersatze der Kosten und zu einer Geldstrafe bis zu dreihundert Mark verurteilt. Im Falle wiederholten Ungehorsams kann noch einmal eine Geldstrafe bis zu sechshundert Mark erkannt werden.

Die Festsetzung und die Vollstreckung der Strafe gegen eine dem aktiven Heere oder der aktiven Marine angehörende Militärperson erfolgt auf Ersuchen durch das Militärgericht.

---

[1]) Vgl. die §§ 41/43 der ZPO. auf S. 2.

[2]) Vgl. die §§ 383/386 der ZPO. auf S. 3 ff. und die §§ 51/54 der StPO. auf S. 5.

§ 78. Der Richter hat, soweit ihm dies erforderlich erscheint, die Tätigkeit der Sachverständigen zu leiten.

§ 79. Der Sachverständige hat vor Erstattung des Gutachtens einen Eid dahin zu leisten:

daß er das von ihm erforderte Gutachten unparteiisch und nach bestem Wissen und Gewissen erstatten werde.

Ist der Sachverständige für die Erstattung von Gutachten der betreffenden Art im allgemeinen beeidigt, so genügt die Berufung auf den geleisteten Eid.

§ 80. Dem Sachverständigen kann auf sein Verlangen zur Vorbereitung des Gutachtens durch Vernehmung von Zeugen oder des Beschuldigten weitere Aufklärung verschafft werden.

Zu demselben Zwecke kann ihm gestattet werden, die Akten einzusehen, der Vernehmung von Zeugen oder des Beschuldigten beizuwohnen und an dieselben unmittelbar Fragen zu stellen.

§ 81. Zur Vorbereitung eines Gutachtens über den Geisteszustand des Angeschuldigten kann das Gericht auf Antrag eines Sachverständigen nach Anhörung des Verteidigers anordnen, daß der Angeschuldigte in eine öffentliche Irrenanstalt gebracht und dort beobachtet werde.

Dem Angeschuldigten, welcher einen Verteidiger nicht hat, ist ein solcher zu bestellen.

Gegen den Beschluß findet sofortige Beschwerde statt. Dieselbe hat aufschiebende Wirkung.

Die Verwahrung in der Anstalt darf die Dauer von sechs Wochen nicht übersteigen.

§ 82. Im Vorverfahren hängt es von der Anordnung des Richters ab, ob die Sachverständigen ihr Gutachten schriftlich oder mündlich zu erstatten haben.

§ 83. Der Richter kann eine neue Begutachtung durch dieselben oder durch andere Sachverständige anordnen, wenn er das Gutachten für ungenügend erachtet.

Der Richter kann die Begutachtung durch einen anderen Sachverständigen anordnen, wenn ein Sachverständiger nach Erstattung des Gutachtens mit Erfolg abgelehnt ist.

In wichtigeren Fällen kann das Gutachten einer Fachbehörde eingeholt werden.

§ 84. Der Sachverständige hat nach Maßgabe der Gebührenordnung Anspruch auf Entschädigung für Zeitversäumnis, auf

Erstattung der ihm verursachten Kosten und außerdem auf angemessene Vergütung für seine Mühewaltung.

§ 85. Insoweit zum Beweise vergangener Tatsachen oder Zustände, zu deren Wahrnehmung eine besondere Sachkunde erforderlich war, sachkundige Personen zu vernehmen sind, kommen die Vorschriften über den Zeugenbeweis zur Anwendung.

3. Bestimmungen der Reichs-Gewerbeordnung über Anstellung von Sachverständigen.

Reichsgesetz vom 30. Juni/26. Juli 1900 (§ 36).

§ 36. Das Gewerbe der Feldmesser, Auktionatoren, Bücherrevisoren, derjenigen, welche den Feingehalt edler Metalle oder die Beschaffenheit, Menge oder richtige Verpackung von Waren irgend einer Art feststellen, der Güterbestätiger, Schaffer, Wäger, Messer, Bracker, Schauer, Stauer usw. darf zwar frei betrieben werden, es bleiben jedoch die verfassungsmäßig dazu befugten Staats- oder Kommunalbehörden oder Korporationen auch ferner berechtigt, Personen, welche diese Gewerbe betreiben wollen, auf die Beobachtung der bestehenden Vorschriften zu beeidigen und öffentlich anzustellen.

Die Bestimmungen der Gesetze, welche den Handlungen der genannten Gewerbetreibenden eine besondere Glaubwürdigkeit beilegen oder an diese Handlungen besondere rechtliche Wirkungen knüpfen, sind nur auf die von den verfassungsmäßig dazu befugten Staats- oder Kommunalbehörden oder Korporationen angestellten Personen zu beziehen.

4. Bestimmungen über die Zusammensetzung und den Geschäftsbetrieb der Sachverständigenkammern für Werke der Literatur und der Tonkunst [1]).

(Verordnung des Reichskanzlers vom 13. Sept. 1901. Zentralbl. f. d. Deutsche Reich 1901, S. 337.)

Auf Grund des § 49, Abs. 3 des Gesetzes, betreffend das Urheberrecht an Werken der Literatur und der Tonkunst, vom 19. Juni 1901 (RGBl. S. 227) wird bestimmt:

---

[1]) Die Bestimmungen über Zusammensetzung und Geschäftsbetrieb der „Sachverständigenkammern für Werke der bildenden Künste und der Photographie“ und der „Ge-

§ 1. Für Werke der Literatur und für Werke der Tonkunst werden gesonderte Sachverständigenkammern gebildet. In keinem Bundesstaate soll von solchen Kammern mehr als je eine bestehen.

§ 2. Jede Kammer besteht aus sieben Mitgliedern und aus der erforderlichen Anzahl von Stellvertretern.

§ 3. Die einer Kammer angehörenden Sachverständigen (Mitglieder und Stellvertreter) werden von der Landes-Zentralbehörde ernannt. Diese ernennt auch den Vorsitzenden und dessen Stellvertreter aus der Zahl der Mitglieder.

Die Sachverständigen werden gerichtlich beeidigt.

§ 4. Auf Erfordern der Gerichte und der Staatsanwaltschaften haben die Kammern ein Gutachten nur abzugeben, wenn

1. in dem Ersuchungsschreiben die zu begutachtenden Fragen einzeln aufgeführt,
2. die Akten und die zu vergleichenden Gegenstände übersandt werden.

§ 5. Der Vorsitzende der Kammer bestellt, sobald der Antrag auf Erstattung eines Gutachtens an ihn gelangt ist, nach seinem Ermessen einen oder zwei Berichterstatter. Diese legen dem Vorsitzenden eine schriftliche Bearbeitung der Sache vor. Die Beschlußfassung der Kammer erfolgt auf Grund mündlicher Beratung in einer von dem Vorsitzenden anzuberaumenden Sitzung nach Stimmenmehrheit; bei Stimmengleichheit gibt die Stimme des Vorsitzenden den Ausschlag.

§ 6. An jedem Beschlusse müssen mindestens fünf Sachverständige mit Einschluß des Vorsitzenden teilnehmen. Mehr als sieben Sachverständige dürfen an dem Beschlusse nicht teilnehmen.

---

werblichen Sachverständigenvereine" vom 10. Mai 1907 (Zentralblatt 1907, S. 214/215) sind mit den obigen Bestimmungen nahezu gleichlautend. Die ersteren lehnen sich an an § 46 Abs. 3 des Gesetzes betr. das Urheberrecht an Werken der bildenden Künste und der Photographie v. 9. Jan. 1907 (RGBl. 1907, S. 7), die letzteren an § 14 des Gesetzes betr. das Urheberrecht an Mustern und Modellen vom 11. Jan. 1876 (RGBl. 1876, S. 11).

Die obigen Sachverständigenkammern sind nicht zu verwechseln mit den in Deutschland an mehreren Orten bestehenden Gutachterkammern, welche Vereinigungen rein privater Natur sind. Vgl. die Fußnote auf S. III.

§ **7.** Die beschlossenen Gutachten werden ausgefertigt, von den Sachverständigen, die an dem Beschlusse teilgenommen haben, unterschrieben und mit dem Siegel der Kammer versehen.

§ **8.** Die Kammer ist befugt, Gebühren für das Gutachten im Betrage von dreißig bis dreihundert Mark zu erheben. Die Gebühren sind von der ersuchenden Behörde der Kammer sofort nach Eingang des Gutachtens kostenfrei zu übersenden.

§ **9.** Anträge, durch welche eine Kammer gemäß § 49 Abs. 2 des Gesetzes vom 19. Juni 1901 als Schiedsrichter angerufen wird, sind in beglaubigter Form einzureichen. Auf die Erledigung solcher Anträge finden die Vorschriften der §§ 4/8 entsprechende Anwendung.

5. Gebührenordnung für Zeugen und Sachverständige [1]).

Reichsgesetz vom 30. Juni 1878 und 20. Mai 1898. In der Fassung des Gesetzes vom 10. Juni 1914 (RGBl. 1898, S. 689 u. 1914 S. 214). Gültig vom 1. Oktober 1914.

§ **1.** In den vor die ordentlichen Gerichte gehörigen Rechtssachen, auf welche die Zivilprozeßordnung, die Strafprozeßordnung oder die Konkursordnung Anwendung findet, erhalten Zeugen

---

[1]) Als Kommentare zur Gebührenordnung seien die folgenden Werke angeführt, von denen sich Nr. 1—3 allerdings noch auf die alte GebO. beziehen:

1. Die Gebühren technischer Sachverständiger nach den deutschen Prozeß- und Gebührenordnungen von Th. Unger, Kgl. Baurat. Verlag von C. W. Kreidel, Wiesbaden 1904. Preis Mk. 0,80.
2. Deutsche Gebührenordnung für Zeugen und Sachverständige vom 30. VI. 1878/20. V. 1898 nebst den nach §§ 13 u. 14 in Betracht kommenden besonderen preußischen Taxvorschriften und Bestimmungen über Tagegelder und Reisekosten. Mit Gesetzesbegründung, umfangreichen Erläuterungen, einer Tabelle und ausführlichem Sachregister herausgegeben von Otto Wegner, Geheimer Rechnungsrevisor bei der Preußischen Oberrechnungskammer. 3. Auflage. Verlag von Albert Nauck & Co., Berlin 1905. Preis Mk. 3,30.
3. Zeugen- und Sachverständigengebühren. Praktischer Wegweiser für alle Berufsklassen, insbesondere Handel- und Gewerbetreibende, beeidigte Sachverständige, Rechtsanwälte, Ärzte, Chemiker usw. Mit 4 Anhängen von Wilh. Schaun, Kgl. Amtsgerichtssekretär. Verlag von Otto Dreyer, Berlin 1912. Preis Mk. 1,—.
4. Gebührenordnung für Zeugen und Sachverständige vom 20. V. 1908 in der Fassung nach dem Abänderungsgesetz vom 10. VI.

und Sachverständige Gebühren nach Maßgabe der folgenden Bestimmungen.

§ **2.** Der Zeuge erhält eine Entschädigung für die erforderliche Zeitversäumnis im Betrage von zwanzig Pfennig bis zu einer Mark fünfzig Pfennig auf jede angefangene Stunde.

Die Entschädigung ist unter Berücksichtigung des von den Zeugen versäumten Erwerbes zu bemessen und für jeden Tag auf nicht mehr als zehn Stunden zu gewähren. Ob eine Erwerbsversäumnis stattgefunden hat, ist nach freiem Ermessen unter Berücksichtigung der Lebensverhältnisse und der regelmäßigen Erwerbstätigkeit des Zeugen zu beurteilen.

Personen, welche durch einfache Handarbeit, Handwerksarbeit oder geringeren Gewerbebetrieb ihren Unterhalt suchen, oder sich in gleichen Verhältnissen mit solchen Personen befinden, erhalten die nach dem geringsten Satze zu bemessende Entschädigung auch dann, wenn die Versäumnis eines Erwerbes nicht stattgefunden hat.

§ **3.** Der Sachverständige erhält für seine Leistungen eine Vergütung nach Maßgabe der erforderlichen Zeitversäumnis im Betrage bis zu drei Mark für jede angefangene Stunde.

Ist die Leistung besonders schwierig, so darf der Betrag bis zu sechs Mark für jede angefangene Stunde erhöht werden.

Die Vergütung ist unter Berücksichtigung der Erwerbsverhältnisse des Sachverständigen zu bemessen.

Außerdem sind dem Sachverständigen die auf die Vorbereitung des Gutachtens verwendeten Kosten, sowie die für eine Untersuchung verbrauchten Stoffe und Werkzeuge zu vergüten.

§ **4.** Besteht für die aufgetragene Leistung ein üblicher Preis, so ist dem Sachverständigen auf Verlangen dieser und für die außerdem stattfindende Teilnahme an Terminen die im § 3, Abs. 1, Satz 1 und Abs. 2 geregelte Vergütung zu gewähren.

Beschränkt sich die Tätigkeit des Sachverständigen auf die Teilnahme an Terminen, so erhält er lediglich die im § 3 bestimmte Vergütung.

1914. Textausgabe mit Einleitung, Anmerkungen und alphabetischem Sachregister. Herausgegeben von Geh. Justizrat Prof. Dr. K. Gareis. Nr. 527 (Abt. IV. 11c) der Sammlung der „Deutschen Reichsgesetze in Einzelabdrucken". Verlag von E. Roth, Gießen 1914. Preis geh. 20 Pfg.

§ **4a.** Haben in bürgerlichen Rechtsstreitigkeiten die Parteien sich dem Gericht gegenüber mit einer bestimmten Vergütung für die Leistung des Sachverständigen einverstanden erklärt, so ist diese Vergütung zu gewähren, sofern ein zu ihrer Deckung ausreichender Betrag an die Staatskasse gezahlt ist.

§ **5.** Als versäumt gilt für den Zeugen oder Sachverständigen auch die Zeit, während welcher er seine gewöhnliche Beschäftigung nicht wieder aufnehmen kann.

§ **6.** Mußte der Zeuge oder Sachverständige außerhalb seines Aufenthaltsortes einen Weg bis zur Entfernung von mehr als 2 km zurücklegen, so ist ihm außer den nach §§ 2/5 zu bestimmenden Beträgen eine Entschädigung für die Reise und für den durch die Abwesenheit von dem Aufenthaltsorte verursachten Aufwand nach Maßgabe der folgenden Bestimmungen zu gewähren.

§ **7.** Soweit nach den persönlichen Verhältnissen des Zeugen oder Sachverständigen oder nach äußeren Umständen die Benutzung von Transportmitteln für angemessen zu erachten ist, sind als Reiseentschädigung die nach billigem Ermessen in dem einzelnen Falle erforderlichen Kosten zu gewähren. In anderen Fällen beträgt die Reiseentschädigung für jedes angefangene Kilometer des Hinweges und des Rückweges zehn Pfennig.

§ **8.** Die Entschädigung für den durch Abwesenheit von dem Aufenthaltsorte verursachten Aufwand ist nach den persönlichen Verhältnissen des Zeugen oder Sachverständigen zu bemessen, soll jedoch den Betrag von sieben und einer halben Mark für jeden Tag, an welchem der Zeuge oder Sachverständige abwesend gewesen ist, und von vier und einer halben Mark für jedes außerhalb genommene Nachtquartier nicht überschreiten.

§ **9.** Mußte der Zeuge oder Sachverständige innerhalb seines Aufenthaltsortes einen Weg bis zu einer Entfernung von mehr als zwei Kilometer zurücklegen, so ist ihm für den ganzen zurückgelegten Weg eine Reiseentschädigung nach den Vorschriften des § 7 zu gewähren.

§ **10.** Konnte der Zeuge oder Sachverständige den erforderlichen Weg ohne Benutzung von Transportmitteln nicht zurücklegen, so sind die nach billigem Ermessen erforderlichen Kosten auch außer den in den §§ 6, 9 bestimmten Fällen zu gewähren.

§ **11.** Abgaben für die erforderliche Benutzung eines Weges sind in jedem Falle zu erstatten.

§ 12. Bedarf der Zeuge wegen jugendlichen Alters oder wegen Gebrechen eines Begleiters, so sind die Entschädigungen für beide zu gewähren.

§ 12a. Notwendige bare Auslagen[1]), soweit sie nicht den durch den Aufenthalt außerhalb der Wohnung verursachten Aufwand betreffen, können dem Zeugen oder Sachverständigen nach billigem Ermessen erstattet werden. Dies gilt namentlich von den Kosten für eine notwendige Vertretung.

§ 13. Soweit für gewisse Arten von Sachverständigen besondere Taxvorschriften[2]) bestehen, welche an dem Orte des Gerichts, vor welches die Ladung erfolgt, und an dem Aufenthaltsorte des Sachverständigen gelten, kommen lediglich diese Vorschriften in Anwendung. Gelten solche Taxvorschriften nur an einem dieser Orte, oder gelten an demselben verschiedene Taxvorschriften, so kann der Sachverständige die Anwendung der ihm günstigeren Bestimmungen verlangen.

---

[1]) Hinsichtlich der Schreibgebühren ist in Preußen der § 113, Abs. 1 des Gerichtskostengesetzes vom 25. Juli 1910 maßgebend. Er lautet wie folgt: „Die Schreibgebühr beträgt für die Seite, welche mindestens zwanzig Zeilen von durchschnittlich zwölf Silben enthält, 20 Pfg., auch wenn die Herstellung auf mechanischem Wege stattgefunden hat. Jede angefangene Seite wird als voll berechnet. Für Schriftstücke, die in fremder Sprache abgefaßt sind, für Schriftstücke in tabellarischer Form, sowie für Verzeichnisse, Listen, Rechnungen, Handzeichnungen und dergleichen kann die Höhe der Schreibgebühr durch den Justizminister anderweit bestimmt werden. Die auf die besondere Ausstattung einer Urkunde verwendeten Auslagen, insbesondere diejenigen, welche durch Verwendung von Pergamentpapier entstehen, sind besonders zu erstatten."

[2]) Als „besondere Taxvorschriften" im Sinne des § 13 der GebO. f. Z. u. S. sind nicht die von privaten Vereinen aufgestellten Gebührenordnungen zu verstehen, sondern vielmehr nur Taxvorschriften mit behördlichem Charakter. Als solche gelten in Preußen: *)

Die Gebühren der Medizinalbeamten (Gesetz vom 14. Juli 1909 (Preuß. Ges.S. 1909, S. 625).

Die Gebühren der Chemiker für gerichtliche und medizinalpolizeiliche Verrichtungen als Anlage zum obigen Tarif für die Gebühren der Medizinalbeamten.

Tarif für die Gebühren der Kreistierärzte in gerichtlichen Angelegenheiten vom 15. Juni 1905 (GesS. 1905, S. 254).

Über die in den Bundesstaaten bestehenden besonderen Taxvorschriften siehe unter Abschnitt III, 2 dieses Buches (S. 52 ff.).

*) Die Bestimmungen sind abgedruckt in dem Buch von O. Wegner „Deutsche Gebührenordnung f. Z. u. S.", Verlag von Alb. Nauck & Co., Berlin 1905.

In den Fällen des Abs. 1 kann der Sachverständige, wenn er nicht öffentlicher Beamter ist, an Stelle der Gesamtvergütung nach den Taxvorschriften die Berechnung der Gesamtvergütung nach den Vorschriften dieses Gesetzes beanspruchen.

Dolmetscher erhalten Entschädigung als Sachverständige nach den Vorschriften dieses Gesetzes, sofern nicht ihre Leistungen zu den Pflichten eines von ihnen versehenen Amtes gehören.

§ **14.** Öffentliche Beamte erhalten Tagegelder und Reisekosten nach Maßgabe der für Dienstreisen geltenden Vorschriften[1]), falls sie zugezogen werden:

1. als Zeuge über Umstände, von denen sie in Ausübung ihres Amtes Kenntnis erhalten haben;
2. als Sachverständige, wenn sie aus Veranlassung ihres Amtes zugezogen werden und die Ausübung der Wissenschaft, der Kunst oder des Gewerbes, deren Kenntnis Voraussetzung der Begutachtung ist, zu den Pflichten des von ihnen versehenen Amtes gehört.

Soweit allgemeine Vorschriften für Dienstreisen nicht erlassen sind, kann die oberste Verwaltungsbehörde über die Gewährung der den öffentlichen Beamten in den Fällen des Abs. 1 den Gerichten gegenüber zustehenden Tagegelder und Reisekosten besondere Vorschriften erlassen.

Werden nach den Vorschriften dieses Paragraphen Tagegelder und Reisekosten gewährt, so findet eine weitere Vergütung an den Zeugen oder Sachverständigen nicht statt.

Die vorstehenden Bestimmungen finden auf Personen des Soldatenstandes entsprechende Anwendung.

Auf Beamte der Gemeinden (Gemeindeverbände) finden die allgemeinen Vorschriften für Dienstreisen insoweit keine Anwendung, als die oberste Verwaltungsbehörde Bestimmungen über die Höhe der ihnen den Gerichten gegenüber zustehenden Tagegelder und Reisekosten erlassen hat.

---

[1]) Vgl. hierzu: Das Reisekostengesetz der Staatsbeamten in tabellarischer und graphischer Darstellung. Zusammengestellt und bearbeitet von C. Winkel, Kgl. Katasterassistent. Tabelle und graphische Darstellung zu dem Gesetz, betreffend die Reisekosten der Staatsbeamten vom 26. Juli 1910, den dazu ergangenen Ausführungsbestimmungen vom 24. Sept. 1910, den Staatsministerialbeschlüssen, der Rechnungsordnung vom 24. Dez. 1913 und den ergänzenden Erlassen usw. nebst einem Abdruck der wichtigsten Bestimmungen. 116 S. in gr. 8°. Im Selbstverlag. Frankfurt a. O. 1914. Preis Mk. 2,—.

Die oberste Verwaltungsbehörde kann die ihr durch Abs. 2 und Abs. 5 gegebene Befugnis zum Erlasse der bezeichneten Bestimmungen auf andere Behörden übertragen.

§ 15. Ist ein Sachverständiger für die Erstattung von Gutachten im allgemeinen beeidigt, so können die Gebühren für die bei bestimmten Gerichten vorkommenden Geschäfte durch Übereinkommen bestimmt werden.

§ 16. Die Gebühren der Zeugen und Sachverständigen werden nur auf Verlangen derselben gewährt. Der Anspruch erlischt, wenn das Verlangen binnen drei Monaten nach Beendigung der Zuziehung oder Abgabe des Gutachtens bei dem zuständigen Gerichte nicht angebracht wird.

§ 17. Die einem Zeugen oder Sachverständigen zu gewährenden Beträge werden durch gerichtlichen Beschluß festgesetzt, wenn der Zeuge oder Sachverständige oder die Staatskasse eine richterliche Festsetzung beantragt, oder das Gericht sie für angemessen hält. Der Ansatz kann von Amts wegen berichtigt werden, wenn die Beträge aus der Staatskasse gezahlt und dieser nicht erstattet sind. Für die Festsetzung und die Berichtigung ist das Gericht oder der Richter zuständig, vor welchem die Verhandlung stattgefunden hat, und für die Berichtigung auch das Gericht der höheren Instanz.

Gegen die richterliche Entscheidung findet Beschwerde[1]) nach Maßgabe des § 567, Abs. 2, §§ 568/575 der Zivilprozeßordnung sowie des § 4, Abs. 3 des Gerichtskostengesetzes, in Strafsachen nach Maßgabe der §§ 346/352 der Strafprozeßordnung statt[2]).

---

[1]) Hinsichtlich der Beschwerde sei auch auf § 44, Abs. 2 der etatsrechtlichen Vorschriften für die Justizverwaltung in der Fassung der allgemeinen Verfügung des Justizministers vom 14. Sept. 1914 (Just MinBl. 1914, S. 709) verwiesen. § 44, Abs. 2 lautet:

„Werden von Zeugen oder Sachverständigen, die Entschädigung nach der GebO. f. Z. u. S. zu beanspruchen haben, oder von der Staatskasse gegen den Ansatz dieser Gebühren Einwendungen erhoben, so gilt die gerichtliche Festsetzung gemäß § 17 der GebO. f. Z. u. S. als beantragt."

[2]) Die erwähnten Bestimmungen über Beschwerde sind nachstehend abgedruckt:

§ 567 Abs. 2, **ZPO.** Gegen die in betreff der Prozeßkosten erlassenen Entscheidungen der Oberlandesgerichte ist eine Beschwerde nicht zulässig.

§ 568. Über die Beschwerde entscheidet das im Instanzenzuge zunächst höhere Gericht.

Gegen die Entscheidung des Beschwerdegerichts ist, soweit nicht in derselben ein neuer selbständiger Beschwerdegrund enthalten ist, eine weitere Beschwerde nicht zulässig.

Entscheidungen der Landgerichte in betreff der Prozeßkosten unterliegen einer weiteren Beschwerde nur, wenn die Beschwerdesumme den Betrag von fünfzig Mark übersteigt.

Gegen die Entscheidungen der Oberlandesgerichte findet eine weitere Beschwerde nicht statt.

§ **569.** Die Beschwerde wird bei dem Gericht eingelegt, von welchem oder von dessen Vorsitzenden die angefochtene Entscheidung erlassen ist; Beschwerden gegen Entscheidungen der Amts- und Landesgerichte können in dringenden Fällen auch bei dem Beschwerdegericht eingelegt werden.

Die Einlegung erfolgt durch Einreichung einer Beschwerdeschrift. Die Einlegung kann auch durch Erklärung zum Protokolle des Gerichtsschreibers erfolgen, wenn der Rechtsstreit bei einem Amtsgericht anhängig ist oder anhängig war, wenn die Beschwerde das Armenrecht betrifft oder von einem Zeugen oder Sachverständigen erhoben wird; richtet sich die Beschwerde in diesen Fällen gegen die Entscheidung eines Oberlandesgerichts, so kann die Einlegung nur durch Erklärung zum Protokolle des Gerichtsschreibers des Oberlandesgerichts oder durch Einreichung einer zum Protokolle des Gerichtsschreibers eines Amtsgerichts erklärten oder von einem Rechtsanwalt unterzeichneten Beschwerdeschrift erfolgen.

§ **570.** Die Beschwerde kann auf neue Tatsachen und Beweise gestützt werden.

§ **571.** Erachtet das Gericht oder der Vorsitzende, dessen Entscheidung angefochten wird, die Beschwerde für begründet, so haben sie derselben abzuhelfen; anderenfalls ist die Beschwerde vor Ablauf einer Woche dem Beschwerdegericht vorzulegen.

§ **572.** Die Beschwerde hat nur dann aufschiebende Wirkung, wenn sie gegen eine der in den §§ 109, 380, 390, 409, 619, 656, 678 erwähnten Entscheidungen gerichtet ist.

Das Gericht oder der Vorsitzende, dessen Entscheidung angefochten wird, kann anordnen, daß die Vollziehung derselben auszusetzen sei.

Das Beschwerdegericht kann vor der Entscheidung eine einstweilige Anordnung erlassen; es kann insbesondere anordnen, daß die Vollziehung der angefochtenen Entscheidung auszusetzen sei.

§ **573.** Die Entscheidung über die Beschwerde kann ohne vorgängige mündliche Verhandlung erfolgen.

Ordnet das Gericht eine schriftliche Erklärung an, so kann die Abgabe derselben durch einen Anwalt erfolgen, der bei dem Gerichte zugelassen ist, von welchem oder von dessen Vorsitzenden die angefochtene Entscheidung erlassen ist. In den Fällen, in welchen die Beschwerde zum Protokolle des Gerichtsschreibers eingelegt werden darf, kann auch die Erklärung zum Protokolle des Gerichtsschreibers abgegeben werden.

§ **574.** Das Beschwerdegericht hat von Amts wegen zu prüfen, ob die Beschwerde an sich statthaft und ob sie in der gesetzlichen Form und Frist eingelegt sei. Mangelt es an einem dieser Erfordernisse, so ist die Beschwerde als unzulässig zu verwerfen.

Ist gegen die Entscheidung eines Oberlandesgerichts Beschwerde eingelegt, so steht die Prüfung und Entscheidung über die Zulässigkeit der Beschwerde dem Oberlandesgerichte zu. Wird die Beschwerde von dem Oberlandesgerichte als unzulässig verworfen, so kann der Beschwerdeführer binnen einer Woche auf die Entscheidung des Beschwerdegerichts antragen; die Frist ist eine Notfrist und beginnt mit der Zustellung des Beschlusses. In diesem Falle sind die Akten dem Beschwerdegerichte zu übersenden.

§ **575.** Erachtet das Beschwerdegericht die Beschwerde für begründet, so kann es demjenigen Gericht oder Vorsitzenden, von welchem die beschwerende Entscheidung erlassen war, die erforderliche Anordnung übertragen.

§ **346 StPO.** Die Beschwerde ist gegen alle von den Gerichten in erster Instanz oder in der Berufungsinstanz erlassenen Beschlüsse und gegen die Verfügungen des Vorsitzenden, des Untersuchungsrichters, des Amtsrichters und eines beauftragten oder ersuchten Richters zulässig, soweit das Gesetz dieselben nicht ausdrücklich einer Anfechtung entzieht.

Auch Zeugen, Sachverständige und andere Personen können gegen Beschlüsse und Verfügungen, durch welche sie betroffen werden, Beschwerde erheben.

Gegen Beschlüsse und Verfügungen der Oberlandesgerichte und des Reichsgerichts findet eine Beschwerde nicht statt.

Der § 4, Abs. 3 des Deutschen Gerichtskostengesetzes vom 18. Juni 1878/20. Mai 1898 bestimmt:

„Die Einlegung von Erinnerungen oder Beschwerden kann durch Erklärung zum Protokolle des Gerichtsschreibers oder schriftlich ohne Mitwirkung eines Anwaltes erfolgen.“

II. Landesgesetzliche Bestimmungen betr. die von den Handelsvertretungen öffentlich angestellten und vereidigten Gewerbetreibenden.

Es gibt zwei Klassen von beeidigten Sachverständigen, die von den Handelsvertretungen (Handelskammern und ähnliche kaufmännische Korporationen) „öffentlich angestellten Sachverständigen" und die von den Gerichten „im allgemeinen beeidigten Sachverständigen"[1]). Zur Kennzeichnung dieser beiden Klassen von Sachverständigen sei die nachstehende Verfügung des preußischen Ministers für Handel und Gewerbe an die Handelskammern vom 29. März 1900 herangezogen.

1. Bestimmungen für das Königreich Preußen.

a) Verfügung des Ministers für Handel und Gewerbe vom 29. März 1900 über öffentliche Bestellung von Sachverständigen[2]).

Auf den Bericht vom 11. Dez. 1899 (S. 354) eröffne ich der Handelskammer im Einverständnisse mit dem Herrn Justizminister, daß die dortseits aufgeworfenen Zweifel über die Stellung der gemäß § 42 des Gesetzes über die Handelskammern[3]) von den

[1]) Als vorzüglicher Kommentar zu den geltenden Bestimmungen über die öffentlich angestellten Sachverständigen gilt das von Dr. jur. Conrad Ernst Riesenfeld, Breslau, verfaßte Buch: „Die Anstellung von Handels- und Schiffahrtssachverständigen — Handelschemiker, Probenehmer, Messer, Wäger, Bücherrevisoren, Dispacheurs, Schiffsfrachtgutbesichtiger usw. — durch die kaufmännischen Interessenvertretungen in Preußen." R. Gaertners Verlagsbuchhandlung, Hermann Heyfelder, Berlin 1901. Preis kart. 4 Mk.

[2]) Entnommen aus „Handel und Gewerbe" 1900, Nr. 26 und MinBl. d. Hand. u. GewVerw. 1907, Nr. 16, S. 287, S. 343.

[3]) Abgedruckt auf S. 27.

Handelsvertretungen öffentlich angestellten und vereidigten Gewerbetreibenden durch die von dem Herrn Justizminister erlassene, in Nr. 6 des diesjährigen Justizministerialblattes abgedruckte Allgemeine Verfügung über die allgemeine Beeidigung von Sachverständigen für gerichtliche Angelegenheiten vom 5. Febr. 1900 im wesentlichen beseitigt sein werden.

Die Reichsgesetzgebung unterscheidet, wie die Handelskammer zutreffend ausführt, in den §§ 404, 407, 410 der Zivilprozeßordnung[1]) und den §§ 73, 75 und 79 der Strafprozeßordnung[2]) „öffentlich bestellte Sachverständige" und „im allgemeinen beeidigte Sachverständige". Während die Sonderstellung der letzteren sich darin erschöpft, daß bei ihnen an Stelle der Eidesleistung in jeder einzelnen Sache die Berufung auf den allgemein geleisteten Eid genügt, bestehen die prozessualen Folgen der öffentlichen Bestellung zum Sachverständigen darin, daß öffentlich bestellte Sachverständige von den Gerichten vorzugsweise zu Sachverständigen in der einzelnen Rechtssache gewählt werden sollen, und daß sie verpflichtet sind, der gerichtlichen Ernennung zum Sachverständigen Folge zu leisten. An sich sind die Eigenschaften der allgemeinen Beeidigung und der öffentlichen Bestellung als Sachverständiger unabhängig voneinander; es kann im allgemeinen vereidigte Sachverständige geben, die nicht öffentlich bestellt sind, und umgekehrt; beide Eigenschaften können sich daher auch in einer Person vereinigen. Wer zur öffentlichen Bestellung oder zur Beeidigung zuständig ist, bestimmt die Landesgesetzgebung.

Der bisherige Rechtszustand in Preußen war, soweit die Justizbehörden in Frage kommen, ein ungleichmäßiger und unklarer. Daher wurde durch den neuen § 86 Satz 1[3]), den das preußische Gesetz über die freiwillige Gerichtsbarkeit (Art. 130 Nr. 10) in das Ausführungsgesetz zum Gerichtsverfassungsgesetz eingestellt hat, die Grundlage zu einer einheitlichen Regelung der Angelegenheit im Wege der Justizverwaltung geschaffen. Wie aus der Entstehungsgeschichte[4]) der angeführten Vorschrift erhellt, ist der Rechtszustand seit dem 1. Januar folgender:

---

[1]) Abgedruckt auf S. 1 ff.
[2]) " " " 6 ff.
[3]) Abgedruckt auf S. 36.
[4]) Vgl. Drucksachen des Abgeordnetenhauses, 19. Legislaturperiode I, Session 1899. Zu Nr. 35, S. 85 und Nr. 273, S. 72.

Eine „Ernennung" oder sonstige öffentliche Bestellung von Sachverständigen wird durch die Justizbehörden nicht mehr erfolgen. Diese werden sich vielmehr darauf beschränken, Sachverständige im allgemeinen zu beeidigen. Die Beeidigung durch die Justizbehörden soll nur für gerichtliche Angelegenheiten Wirkungen äußern. Wenn noch andere Organe zuständig sind, Sachverständige im allgemeinen zu beeidigen, so hat es hierbei sein Bewenden. Im Sinne der Prozeßgesetze sind diese ebenso im allgemeinen beeidigte Sachverständige wie die von den Justizbehörden beeidigten.

Die allgemeine Verfügung vom 5. Febr. 1900[1]) gibt diesen Grundsätzen Ausdruck; insbesondere ist in ihrem § 13 ausgesprochen, daß nicht etwa infolge des angeführten § 86 die von den Justizbehörden beeidigten Sachverständigen ausschließlich als solche in Betracht kommen. Dabei wird auf den § 42 des Handelskammergesetzes[2]) ausdrücklich hingewiesen.

Falls die Handelskammern von der ihnen in dieser Vorschrift gegebenen Befugnis Gebrauch machen, so werden die demgemäß öffentlich angestellten und beeidigten Sachverständigen insofern vor den von den Justizbehörden beeidigten privilegiert sein, als von der Wahl der ersteren nur unter besonderen Umständen abgesehen werden darf; sie werden den letzterwähnten Sachverständigen insofern gleichstehen, als auch bei ihnen die Berufung auf den allgemeinen Eid zur Bekräftigung des Gutachtens genügt. Dazu ist allerdings erforderlich, daß die in meinem Erlasse vom 29. Sept. 1897, A 3592/B 9019[3]) vorgeschriebene Eidesformel einen Zusatz erhält, demzufolge die Vereidigung sich auch auf die Erstattung von Gutachten erstreckt, etwa so, daß hinter „erfüllen" die Worte eingeschaltet werden:[4])

---

[1]) Abgedruckt auf S. 36.

[2]) Abgedruckt auf S. 27.

[3]) A abgedruckt auf S. 22.

[4]) Die neue Eidesformel lautet also jetzt beispielsweise für einen Handelschemiker: „Ich, *August Schulze* schwöre bei Gott dem Allmächtigen und Allwissenden, daß ich als öffentlich angestellter *Handelschemiker* die bestehenden Vorschriften getreulich beobachten und die mir obliegenden Pflichten gewissenhaft erfüllen, sowie auch die von mir in meiner Eigenschaft als öffentlich angestellter *Handelschemiker* erforderten Gutachten unparteiisch und nach bestem Wissen und Gewissen erstatten werde. So wahr mir Gott helfe."

sowie „auch die von mir in meiner Eigenschaft als öffentlich angestellter ..... erforderten Gutachten unparteiisch und nach bestem Wissen und Gewissen erstatten".

Um nicht Bemängelungen der Gerichte hervorzurufen, ist ferner geboten, daß die Art der Gutachten in der Eidesformel möglichst genau bezeichnet wird. Hierzu bietet die hinter dem Wort „angestellter" gelassene Lücke den geeigneten Platz.

Es kann erwartet werden, daß die Gerichte der dargestellten völlig klaren Rechtslage Rechnung tragen werden. Sollte die Annahme sich bezüglich der auf Grund des § 42 des Handelskammergesetzes gestellten Sachverständigen nicht überall verwirklichen, so hat sich der Herr Justizminister bereit erklärt, durch eine Belehrung auf eine zutreffende Praxis der Gerichte hinzuwirken.

Berlin, den 29. März 1900.

Der Minister für Handel und Gewerbe.
Brefeld.

b) Verfügung des Ministers für Handel und Gewerbe vom 29. September 1897[1]).

An die Handelskammer in Breslau

A. 1105. Berlin, den 29. Sept. 1897.

Nachdem die Handelskammern und kaufmännischen Korporationen durch §§ 42, 44 des Gesetzes über die Handelskammern vom 24. Febr. 1870 (GS. S. 134) in der Fassung des Gesetzes vom 19. Aug. 1897 (GS. S. 343)[2]) ermächtigt sind, Dispacheure und solche Gewerbetreibende der in § 36 der Reichs-Gewerbeordnung[3]) bezeichneten Art, deren Tätigkeit in das Gebiet des Handels fällt, öffentlich anzustellen und zu beeidigen, bestimme ich folgendes:

Der Eid ist in öffentlicher Sitzung der Handelskammer oder kaufmännischen Korporationen zu leisten. Die Eidesworte sind vom Vorsitzenden zu verlesen und von dem zu Vereidigenden nachzusprechen. Die Eidesformel lautet:

„Ich, ..., schwöre bei Gott dem Allmächtigen und Allwissenden, daß ich als öffentlich angestellter .... die

[1]) Entnommen aus MinBl. d. Hand. u. GewVerw. 1907, Nr. 16, S. 287.

[2]) Abgedruckt auf S. 27.

[3]) Abgedruckt auf S. 9.

bestehenden Vorschriften getreulich beobachten und die mir vorliegenden Pflichten gewissenhaft erfüllen werde. So wahr mir Gott helfe."

Dem Schwörenden bleibt die Beifügung einer seinem Glaubensbekenntnis entsprechenden Beteuerung überlassen.

Abweichungen von dieser Form der Beeidigung können mit meiner Genehmigung in den Geschäftsordnungen der Handelskammern und kaufmännischen Korporationen vorgesehen werden.

Der Minister für Handel und Gewerbe.
Brefeld.

Im Anschluß hieran seien noch 3 Verfügungen des Ministers für Handel und Gewerbe vom 25. März 1902 und 18. Juli 1907 mitgeteilt, welche die Eintragung der öffentlich angestellten Sachverständigen in die gerichtlichen Sachverständigenverzeichnisse betreffen:

c) Verfügungen des Ministers für Handel und Gewerbe vom 25. März 1902[1]).

An die Handelsvertretungen.

Um die Beobachtung der Vorschriften des § 404, Abs. 2 der Zivilprozeßordnung und des § 73, Abs. 2 der Strafprozeßordnung sicherzustellen, hat der Herr Justizminister angeordnet, daß die Namen der von den zuständigen Behörden und Korporationen öffentlich angestellten und beeideten Gewerbetreibenden in das nach § 7 der Allgemeinen Verfügung vom 5 Febr. 1900 (**Just-**MinBl. S. 48)[2]) bei den Gerichten zu führende Verzeichnis eingetragen werden.

Zu diesem Zwecke ersuche ich Sie, den Gerichten von den bereits erfolgten und den ferneren öffentlichen Anstellungen und Beeidigungen von Gewerbetreibenden auf Grund der §§ 42, 44 Abs. 1 des Handelskammergesetzes unter Mitteilung der Eidesformel Nachricht zu geben. Ist die Anstellung nur für einen Teil des Kammer- oder Korporationsbezirks erfolgt, so ist auch der Anstellungsbezirk mitzuteilen.

---

[1]) Entnommen aus MinBl. d. Hand. u. GewVerw. 1902, Nr. 8, S. 140.

[2]) Abgedruckt auf S. 36.

Die Mitteilung ist an die Landgerichtspräsidenten des Bezirks, für den die Anstellung erfolgt ist, zu richten. In gleicher Weise sind Veränderungen, die in den Anstellungen eintreten (z. B. Widerruf der Anstellung), anzuzeigen.

Berlin, den 25. März 1902.

Der Minister für Handel und Gewerbe.
Möller.

An die Herren Regierungs-Präsidenten und den Herrn Polizei-Präsidenten hier[1]).

Abdruck übersende ich Ihnen mit dem Ersuchen, zu veranlassen, daß die gemäß § 36 der Gewerbe-Ordnung zur öffentlichen Anstellung und Beeidigung von Gewerbetreibenden zuständigen Behörden Ihres Bezirks den Gerichten in gleicher Weise Mitteilungen über die Anstellungen zugehen lassen.

Gleichzeitig ersuche ich Sie, darauf hinzuwirken, daß diese Behörden künftig von ihrer Anstellungsbefugnis insoweit keinen Gebrauch machen, als die öffentliche Anstellung und Beeidigung von Gewerbetreibenden den Handelsvertretungen zusteht (§§ 42, 44 Abs. 1 des Gesetzes über die Handelskammern vom 24. Febr. 1870/19. Aug. 1897. Sollten in einzelnen Fällen noch Anstellungen durch Behörden für notwendig erachtet werden, so ist meine Entscheidung einzuholen.

Berlin, den 25. März 1902.

Der Minister für Handel und Gewerbe.
Möller.

d) Verfügung des Ministers für Handel und Gewerbe vom 18. Juli 1907[2]).

An die Handelsvertretungen.

Nachstehend lasse ich Ihnen Abschrift eines Erlasses des Herrn Justizministers über die Eintragung öffentlich angestellter und beeidigter Gewerbetreibender in die bei den Gerichten geführten Verzeichnisse der im allgemeinen beeidigten Sachverständigen unter Bezug-

---

[1]) Entnommen aus MinBl. d. Hand. u. GewVerw. 1902, Nr. 8, S. 140.

[2]) Entnommen aus MinBl. d. Hand. u. GewVerw. 1907, Nr. 16, S. 285.

nahme auf meinen Erlaß vom 25. März 1902 (HMinBl. S. 140) zur Kenntnisnahme zugehen.

Im wesentlichen bezwecken diese Bestimmungen, die Unzuträglichkeiten zu beseitigen, welche sich aus der Verschiedenheit des Kreises der öffentlich angestellten und beeidigten Gewerbetreibenden und des Kreises der im allgemeinen beeidigten Sachverständigen ergeben können.

In Zukunft sollen insbesondere nur diejenigen von den Handelsvertretungen auf Grund der §§ 42, 44 Abs. 1 des Gesetzes über die Handelskammern öffentlich angestellten und beeidigten Gewerbetreibenden in das gerichtliche Sachverständigenverzeichnis aufgenommen werden, die ausdrücklich auch für die Erstattung von sachverständigen Gutachten beeidigt sind. Wegen der Form, in der diese Beeidigung zu erfolgen hat, verweise ich auf den Erlaß meines Herrn Amtsvorgängers vom 29. März 1900 (A. 1105) — Zeitschrift für Handel und Gewerbe S. 343 —[1]).

Ich ersuche hiernach die Handelsvertretungen, die den Gerichten über die Anstellung und Beeidigung von Gewerbetreibenden zu machenden Mitteilungen auf diese Fälle zu beschränken. Dabei gehe ich von der Voraussetzung aus, daß die Aufnahme eines auf die Erstattung von Gutachten bezüglichen Zusatzes in die Eidesformel in der Regel nur dann unterbleibt, wenn die beeidigende Handelsvertretung das in Frage kommende Gewerbe nicht als geeignete Grundlage für ein sachverständiges Gutachten ansieht.

Berlin, den 18. Juli 1907.

Der Minister für Handel und Gewerbe.
Im Auftrage: Neuhaus.

Anlage.

e) Verfügung des Justizministers vom 18. Juli 1907.
(JustMinBl. 1907, Nr. 31, S. 478/9.)

I. Der § 8 Abs. 5 der Allgemeinen Verfügung vom 5. Febr. 1900 (JustMinBl. S. 48)[2]) erhält folgende Fassung:

> Die Richter und die Staatsanwälte haben Wahrnehmungen, die eine Streichung zu begründen geeignet sind, der zuständigen Stelle (Abs. 3) mitzuteilen. Von einer

---

[1]) Abgedruckt auf S. 19.
[2]) Abgedruckt auf S. 36.

Streichung auf Grund des Abs. 1, Nr. 3 oder des Abs. 2 hat die zuständige Stelle unter Angabe der die Streichung begründenden Tatsachen diejenigen anderen Behörden in Kenntnis zu setzen, durch welche der Sachverständige bestellt oder im allgemeinen beeidigt worden ist.

II. Der § 14 der Allgemeinen Verfügung vom 5. Febr. 1900/25. März 1902 (JustMinBl. 1900, S. 48 und 1902, S. 71) erhält folgende Fassung:

Wenn eine zur öffentlichen Anstellung von Gewerbetreibenden befugte Staats- oder Kommunalbehörde oder Korporation (§ 36 der GewO.), insbesondere eine Handelskammer im Falle des § 42 Abs. 1 des Gesetzes über die Handelskammern, von der für Begutachtungen erfolgten Bestellung und Beeidigung eines solchen Gewerbetreibenden Mitteilung macht, so ist dessen Name in das nach § 7 zu führende Verzeichnis der Sachverständigen einzutragen. Um die Anwendung der Vorschriften des § 404, Abs. 2 der Zivilprozeßordnung und des § 73, Abs. 2 der Strafprozeßordnung zu erleichtern, ist bei dem Namen die Tatsache der öffentlichen Bestellung ersichtlich zu machen.

Die Mitteilungen erfolgen an den Landgerichtspräsidenten. Dieser hat die Eintragung bei dem Landgerichte zu veranlassen und von der Mitteilung den Gerichten Kenntnis zu geben, die in dem Bezirke des bestellenden Organs oder, falls der Gewerbetreibende nur für einen engeren Bezirk öffentlich bestellt ist, in diesem Bezirk ihren Sitz haben; bei diesen Gerichten ist die Eintragung auf Grund der Benachrichtigung des Landgerichtspräsidenten zu bewirken.

Ist der bestellte Gewerbetreibende zugleich auf Grund der §§ 1 ff. allgemein für gerichtliche Angelegenheiten beeidigt worden, und soll er in dieser Eigenschaft auf Grund des § 8, Abs. 1, Nr. 3 oder des § 8, Abs. 2 gestrichen werden, so hat dies in der Weise zu geschehen, daß bei seinem Namen vermerkt wird: „Als gerichtlich beeidigter Sachverständiger gestrichen.“

Wird die öffentliche Bestellung eines zugleich für gerichtliche Angelegenheiten allgemein beeidigten Sachverständigen zurückgenommen, ohne daß er in letzterer Eigenschaft gestrichen wird, so ist die Zurücknahme in dem Verzeichnisse zu vermerken.

III. Gewerbetreibende, deren Name in dem Verzeichnisse der allgemein beeidigten Sachverständigen rot unterstrichen ist, und die weder für die Abgabe von Gutachten öffentlich bestellt und beeidigt noch als Sachverständige für gerichtliche Angelegenheiten allgemein beeidigt sind, sind zu löschen. Sind sie zwar für gerichtliche Angelegenheiten allgemein beeidigt, dagegen nicht als Gewerbetreibende für die Abgabe von Gutachten öffentlich bestellt, so ist bei ihrem Namen zu vermerken: „Nicht für Gutachten öffentlich bestellt."

IV. Die Allgemeinen Verfügungen vom 25. März 1902 und 7. Apr. 1904 (JustMinBl. 1902, S. 71, 1904, S. 101) werden aufgehoben.

V. Die im Anschluß an die Bestimmungen zu II von dem Herrn Minister für Handel und Gewerbe an die Handelsvertretungen erlassene Verfügung wird nachstehend[1]) zur Kenntnis der Justizbehörden gebracht.

Berlin, den 18. Juli 1907.

Der Justizminister.
Dr. Beseler.

f) Bestimmungen des Gesetzes über die Handelskammern betr. die Anstellung von Sachverständigen.

(Preußisches Gesetz vom 24. Febr. 1870/19. Aug. 1897.)
Gesetzsammlung 1897, S. 355.

§ **42.** Die Handelskammer ist befugt, Dispacheure und solche Gewerbetreibende der in § 36 der Reichs-Gewerbeordnung bezeichneten Art, deren Tätigkeit in das Gebiet des Handels fällt, öffentlich anzustellen und zu beeidigen. Auf Auktionatoren findet diese Bestimmung keine Anwendung. Vorschriften, die die Handelskammer für die hiernach angestellten Personen erläßt, sind dem Minister für Handel und Gewerbe vorzulegen.

§ **44.** Auf die zu Berlin, Stettin, Magdeburg, Tilsit, Königsberg, Danzig, Memel und Elbing bestehenden kaufmännischen Korporationen und auf das Kommerzkollegium zu Altona

---

[1]) **Abgedruckt auf S. 24 unter d.**

findet dieses Gesetz mit Ausnahme der §§ 33, 38 und 42 keine Anwendung.

Die in Absatz 1 aufgeführten Körperschaften sind befugt, sich in Handelskammern umzuwandeln oder, falls eine Handelskammer für den Bezirk besteht, sich mit dieser zu vereinigen.

Die Umwandlung erfolgt durch ein von der Körperschaft zu beschließendes, der Genehmigung des Ministers für Handel und Gewerbe unterliegendes Statut, in welchem über die Verwaltung der Einrichtungen und des Vermögens der Körperschaft, sowie über das für die neue Handelskammer maßgebende Wahlsystem Bestimmung zu treffen ist. Durch das Statut kann die bisherige Bezeichnung der Körperschaft und ihrer Vertretung aufrecht erhalten werden.

Zur Vereinigung mit einer schon bestehenden Handelskammer bedarf es eines mit dieser zu vereinbarenden Statuts, welches der Genehmigung des Ministers für Handel und Gewerbe unterliegt.

Insoweit für denselben Bezirk eine der im Abs. 1 aufgeführten kaufmännischen Korporationen und eine Handelskammer besteht, bestimmt der Minister für Handel und Gewerbe im Einverständnisse mit dem etwa beteiligten Ressortminister, in welchem Umfange die den Organen des Handelsstandes zustehenden öffentlich-rechtlichen Befugnisse noch von der kaufmännischen Korporation wahrzunehmen sind.

2. Die Befugnisse der amtlichen Handelsvertretungen in den deutschen Bundesstaaten betreffend die Anstellung und Beeidigung von Sachverständigen.

Die Handelskammer zu Berlin hatte, um die hinsichtlich der Anstellungs- und Beeidigungsbefugnis und -übung der amtlichen Handelsvertretungen in den einzelnen Bundesstaaten bestehenden Verschiedenheiten festzustellen, eine Rundfrage an sämtliche deutschen Handelskammern gerichtet, ob und gegebenenfalls auf welcher Rechtsgrundlage diesen nach der Landesgesetzgebung die öffentliche Anstellung und Beeidigung der in § 36 GewO. bezeichneten Personen zustehe, bejahendenfalls ob sie von dieser

Befugnis Gebrauch machen[1]). Das Ergebnis der Rundfrage ist nachstehend abgedruckt[2]):

Anhalt.

Der Handelskammer steht nicht das Recht der Anstellung und Beeidigung der im § 36 GewO. benannten Personen zu. Nach § 54 des Handelskammergesetzes vom 13. März 1912 ist die Handelskammer vor der Beeidigung von öffentlich anzustellenden technischen oder kaufmännischen Personen lediglich gutachtlich zu hören.

Baden.

Die Handelskammern sind nach § 60 der Verordnung des Großherzoglichen Ministeriums des Innern vom 23. Dez. 1883/29. Sept. 1900 befugt, gemäß § 36 der GewO. zum Zwecke der Feststellung des Feingehalts edler Metalle oder der Beschaffenheit, der Menge, des Gewichts oder der richtigen Verpackung von Waren, ferner zur Prüfung von Handels- und Geschäftsbüchern, namentlich der Kaufleute, Aktien- und Handelsgesellschaften, Personen zu bestallen mit der Wirkung, daß dieselben auf die Beobachtung der für diesen Gewerbebetrieb bestehenden Vorschriften durch das Bezirksamt zu beeidigen sind.

Von den neun badischen Handelskammern haben bisher nur drei, nämlich die zu Karlsruhe, Mannheim und Heidelberg, letztere beide auch nur in ganz beschränktem Umfange, von dieser Befugnis Gebrauch gemacht.

Bayern.

Die Handelskammern sind nach § 2 Ziff. 6 der Kgl. Verordnung vom 25. Febr. 1908, die Handelskammern und die Handels-

---

[1]) Bemerkenswert ist, daß einige Handelskammern sich die durch die Veröffentlichung der Beeidigung entstehenden Insertionskosten erstatten lassen. Die Handelskammer zu Bochum erhebt von allen von ihr beeidigten Sachverständigen eine Gebühr von 20 Mk. (vgl. „Handel und Gewerbe" Bd. 19, 1912, S. 319).

[2]) Entnommen aus den „Mitteilungen der Handelskammer zu Berlin", Bd. 11, 1913, S. 135.

Die gesetzlichen Bestimmungen über die diesbezüglichen Befugnisse der verschiedenen Handelskammern, Gewerbekammern usw. sind abgedruckt im „Jahrbuch der deutschen Handelskammern", Verlag von C. L. Hirschfeld, Leipzig 1905 (Ergänzungen im Jahrgang 1914).

gremien betreffend, befugt, Gewerbetreibende der in § 36 GewO. bezeichneten Art, deren Tätigkeit in das Gebiet des Handels und der Industrie fällt, mit Ausnahme der Auktionatoren, öffentlich anzustellen und zu beeidigen. Etwaige für diese erlassenen Vorschriften sind dem Staatsministerium des Kgl. Hauses und des Äußern vorzulegen.

Der Bayerische Handelskammertag hat beschlossen, von dieser Befugnis in der Weise Gebrauch zu machen, daß die ihm angehörenden acht bayerischen Handelskammern Bücherrevisoren und Handelschemiker öffentlich anstellen und beeidigen sollen. Diesem Beschlusse haben sämtliche bayerischen Handelskammern entsprochen. Ein Teil davon hat darüber hinaus auch andere Personen der in § 36 GewO. bezeichneten Art angestellt, insbesondere die Handelskammern Regensburg und Ludwigshafen.

Braunschweig.

Die Handelskammer ist nach § 3, Ziff. 14 des Gesetzes, betreffend die Handelskammern für das Herzogtum Braunschweig, befugt, Gewerbetreibende der im § 36 GewO. bezeichneten Art, deren Tätigkeit in das Gebiet des Handels fällt, öffentlich anzustellen und zu beeidigen. Auf Auktionatoren findet diese Bestimmung keine Anwendung. Für die hiernach öffentlich angestellten und beeideten Personen sind von der Handelskammer besondere Vorschriften erlassen. Diese Vorschriften bedürfen der Genehmigung des Herzoglichen Staatsministeriums, Abteilung des Innern, das, soweit die Tätigkeit der in Frage kommenden Personen das landwirtschaftliche Interessengebiet berührt, die Vertretung der Landwirtschaft zu hören hat.

Die Handelskammer hat von dieser Befugnis Gebrauch gemacht.

Bremen.

Auf Grund der §§ 35 ff. des bremischen Handelskammergesetzes werden die hier in Betracht kommenden Personen vom Senat ernannt, nachdem zuvor die Handelskammer sich gutachtlich darüber geäußert hat.

Elsaß-Lothringen.

Den Handelskammern steht die öffentliche Anstellung und Beeidigung von Gewerbetreibenden der in § 36 GewO. bezeichneten Art nicht zu. Vgl. hierzu die Bestimmungen auf S. 56.

Hamburg.

Die Handelskammer ist nach § 2 des Hamburger Gesetzes, betreffend Handelssachverständige, beeidigte Gewerbetreibende und beeidigte Auktionatoren vom 15. Novbr. 1907 (Hambg. GesS. 1907, S. I, 270) befugt, die im § 36 GewO. bezeichneten Personen öffentlich anzustellen. Die Beeidigung erfolgt durch den Vorsitzenden der Deputation für Handel, Schiffahrt und Gewerbe. Bezüglich der Auktionatoren bestimmt § 4 desselben Gesetzes, daß diese von der Deputation für Handel, Schiffahrt und Gewerbe nach Anhörung der zuständigen Polizeibehörde ernannt und von dem Vorsitzenden der Deputation beeidigt werden. Vgl. ferner: Regulativ der Handelskammer für Qualitätsfeststellung durch Sachverständige vom 12. April 1911 (Hambg. GesS. 1911, S. II, 58).

Die Handelskammer hat von den ihr hiernach zustehenden Befugnissen Gebrauch gemacht[1]).

Hessen.

Die Handelskammern sind nach Artikel 34, Abs. 1 des Gesetzes, die hessischen Handelskammern betreffend, befugt, Gewerbetreibende der in § 36 GewO. bezeichneten Art, deren Tätigkeit in das Gebiet des Handels fällt, öffentlich anzustellen und zu beeidigen. Auf Auktionatoren findet diese Bestimmung keine An-

---

[1]) In größerem Umfange ernennt in Hamburg die dortige Gewerbekammer in Gemäßheit des § 24, Abs. 2 des Gesetzes über die Gewerbekammer vom 4. Okt. 1907 aus den Gewerbetreibenden der verschiedenen Zweige (auch aus dem Kreise der Architekten, Chemiker, Ingenieure und Patentanwälte) Sachverständige, die auf Ersuchen der Gerichte und Behörden oder auf Antrag von Privatpersonen über Beschaffenheit und Preis der in ihr Fach schlagenden gewerblichen Leistungen, sowie über gewerbliche Gebräuche und Gewohnheiten Gutachten abzugeben haben. Diese Sachverständigen werden von dem Vorsitzenden der Deputation für Handel, Schiffahrt und Gewerbe beeidigt. Die geltenden Bestimmungen sind auf S. 78 abgedruckt.

Ferner besteht eine Sachverständigen- und Gebührenordnung für die von der Detaillistenkammer ernannten Sachverständigen laut § 19 des Gesetzes vom 29. Febr. 1904/16. März 1908 (Hambg. GesS. 1905, S. I, 9 u. 1908, S. I, 35).

wendung. Vorschriften, die die Handelskammer für die hiernach angestellten Personen erläßt, sind dem Ministerium des Innern zur Genehmigung vorzulegen.

Sämtliche hessischen Handelskammern haben von dieser Befugnis Gebrauch gemacht.

Lippe.

Der Handelskammer steht die Befugnis zur öffentlichen Anstellung und Beeidigung von Gewerbetreibenden der in § 36 GewO. bezeichneten Art nicht zu.

Lübeck.

Die Handelskammer ist nach § 1 der Lübeckischen Verordnung vom 22. Sept. 1874, betreffend die Anstellung von Wägern, Messern und Brackern von Waren, und § 22, 2a der Lübeckischen Kaufmannsordnung vom 21. Juni 1898 befugt, Holz-, Hanf-, Tuch-, Öl- und Tranbracker sowie Wäger, Korn- und Hilfskornwäger anzustellen. Die Beeidigung dieser Personen erfolgt gemäß § 2 der Verordnung vom 22. Sept. 1874 durch das Stadt- und Landamt. Die Teerbracker und die übrigen im § 36 Abs. 1 GewO. bezeichneten Personen sind, soweit es sich um Handels-, Schiffahrts- und Industrieangelegenheiten handelt, nach §§ 1, 2 des Lübeckischen Gesetzes, betreffend die Anstellung von Sachverständigen und Auktionatoren, vom 24. Dez. 1887 und § 22, 2b der Lübeckischen Kaufmannsordnung vom 21. Juni 1898 auf Vorschlag der Handelskammer — die Sachverständigen für gewerbliche Angelegenheiten auf Vorschlag der Gewerbekammer — vom Stadt- und Landamt anzustellen und zu beeidigen.

Die Handelskammer hat von den ihr hiernach zustehenden Befugnissen Gebrauch gemacht.

Mecklenburg-Schwerin und Mecklenburg-Strelitz.

Der Handelskammer steht die öffentliche Anstellung und Beeidigung von Gewerbetreibenden der in § 36 GewO. bezeichneten Art nicht zu. Vgl. die Bestimmungen auf S. 59 f.

Oldenburg.

Die Handelskammer ist nach Artikel 3, Abs. 4 des oldenburgischen Handelskammergesetzes befugt, Dispacheure und solche Gewerbetreibende der im § 36 GewO. bezeichneten Art, deren Tätigkeit ausschließlich in das Gebiet des Handels fällt, öffentlich anzustellen und zu beeidigen. Vorschriften, die die Handelskammer für hiernach anzustellende Personen erläßt, bedürfen der Genehmigung des Staatsministeriums, Departement des Innern.

Die Handelskammer hat von dieser Befugnis Gebrauch gemacht.

Preußen[1]).

Die Handelskammern sowie die kaufmännischen Korporationen zu Stettin, Tilsit, Königsberg, Danzig und Memel sind nach §§ 42, 44 des Preußischen Handelskammergesetzes befugt, Gewerbetreibende der in § 36 GewO. bezeichneten Art, deren Tätigkeit in das Gebiet des Handels fällt, anzustellen. Auf Auktionatoren findet diese Bestimmung keine Anwendung. Vorschriften, die die Handelskammer für die hiernach angestellten Personen erläßt, sind dem Minister für Handel und Gewerbe vorzulegen.

Die weitaus überwiegende Zahl der Handelskammern und Korporationen macht von dieser Befugnis in größerem Umfange Gebrauch. Keinen Gebrauch von der Befugnis haben bisher nur 4 Handelskammern (Braunsberg, Elbing, Mühlhausen i. Th., Landeshut) gemacht.

Reuß ältere Linie.

Der Handelskammer steht die öffentliche Anstellung und Beeidigung von Gewerbetreibenden der in § 36 GewO. bezeichneten Art nicht zu.

Reuß jüngere Linie.

Die Handelskammer ist nach § 30 des Gesetzes vom 7. Aug. 1899, die Handelskammern betreffend, befugt, Gewerbetreibende der in § 36 GewO. bezeichneten Art öffentlich anzustellen und zu beeidigen.

Die Handelskammer hat von dieser Befugnis Gebrauch gemacht.

---

[1]) Siehe auch die Bestimmungen auf S. 19 ff.

Sachsen (Königreich).

Den Handelskammern steht die öffentliche Anstellung und Beeidigung von Gewerbetreibenden der in § 36 GewO. bezeichneten Art nicht zu. Die Bemühungen, sie zu erlangen, haben bisher keinen Erfolg gehabt.

Sachsen-Altenburg.

Die Handelskammer ist nach § 27 Abs. e des Gesetzes, betreffend Errichtung einer Handelskammer, vom 7. Mai 1900 in der Fassung der Novelle vom 8. Jan. 1906 befugt, solche Gewerbetreibende der in § 36 GewO. bezeichneten Art, deren Tätigkeit sich auf das Gebiet des Handels beschränkt, öffentlich anzustellen und zu beeidigen.

Die Handelskammer hat von dieser Befugnis Gebrauch gemacht.

Sachsen-Coburg und -Gotha.

Der Handelskammer steht die öffentliche Anstellung und Beeidigung von Gewerbetreibenden der in § 36 GewO. bezeichneten Art nicht zu.

Sachsen-Meiningen.

Die Handels- und Gewerbekammern sind nach Artikel 4 der Landesherrlichen Verordnung des Staatsministeriums des Innern in Meiningen vom 10. Aug. 1909 befugt, solche Gewerbetreibende der in § 36 GewO. bezeichneten Art, deren Tätigkeit in das Gebiet des Handels fällt, öffentlich anzustellen. Auf Auktionatoren findet diese Bestimmung keine Anwendung. Der von der Kammer öffentlich angestellte Gewerbetreibende ist von dem Landrat des Kreises, in dem er seinen Wohnsitz hat, zu beeidigen.

Von dieser Befugnis haben die Kammern zu Saalfeld und Sonneberg Gebrauch gemacht, die Kammern zu Meiningen und Hildburghausen nicht.

Sachsen-Weimar.

Die Handelskammer ist nach § 3 der Ausführungsverordnung zum Handelskammergesetz vom 25. Juli 1906 befugt, solche Gewerbetreibende der im § 36 GewO. bezeichneten Art, deren Tätigkeit in das Gebiet des Handels fällt, öffentlich anzustellen und zu beeidigen. Auf Auktionatoren findet diese Bestimmung keine Anwendung.

Die Handelskammer hat von dieser Befugnis Gebrauch gemacht.

Schaumburg-Lippe.

Dem Handels- und Industrieverein für Schaumburg-Lippe steht die Befugnis der Anstellung und Beeidigung der in § 36 GewO. bezeichneten Personen nicht zu.

Schwarzburg-Rudolstadt.

Die Handelskammer ist nach § 30 Abs. 2 des Gesetzes vom 22. März 1901 befugt, Gewerbetreibende der in § 36 GewO. bezeichneten Art, deren Tätigkeit in das Gebiet des Handels fällt, öffentlich anzustellen und zu beeidigen. Auf Auktionatoren findet diese Bestimmung keine Anwendung.

Die Handelskammer hat von dieser Befugnis Gebrauch gemacht.

Schwarzburg-Sondershausen.

Der Handelskammer steht die öffentliche Anstellung und Beeidigung von Gewerbetreibenden der in § 36 GewO. bezeichneten Art nicht zu.

Württemberg.

Die Handelskammern sind gemäß § 5 der Verfügung des Ministeriums des Innern vom 28. Sept. 1900, betreffend den Vollzug des Gesetzes betreffend die Abänderung der Gewerbeordnung vom 30. Juni 1900, nur befugt, die Beeidigung und öffentliche Anstellung von Bücherrevisoren vorzunehmen.

Von den acht württembergischen Handelskammern haben nur die zu Stuttgart und Rottweil von dieser Befugnis Gebrauch gemacht.

III. Landesgesetzliche Bestimmungen betr. die von den Gerichten ein für allemal beeidigten Sachverständigen.

1. Bestimmungen für das Königreich Preußen.

a) Allgemeine Verfügung des Justizministers vom 5. Februar 1900 über die allgemeine Beeidigung von Sachverständigen.

(Ergänzt nach den Verfügungen vom 19. März 1901/25. März 1902/7. April 1904/18. Juli 1907. — Preuß. JustMinBl 1900, S. 48, 1901, S. 72, 1902, S. 71, 1904, S. 101, 1907, S. 478.)

Auf Grund des § 86[1]) des Ausführungsgesetzes zum Deutschen Gerichtsverfassungsgesetze (Gesetzsamml. 1899, S. 277) wird folgendes bestimmt:

§ 1. Die Auswahl der als Sachverständige für gerichtliche Angelegenheiten im allgemeinen zu beeidigenden Personen geschieht durch den Landgerichtspräsidenten.

Die Beeidigung auch für solche Gutachten, welche von anderen Gerichten als denen des Landgerichtsbezirks gefordert werden, bedarf der Genehmigung des Oberlandesgerichtspräsidenten. Soll sich die Beeidigung auf die von Gerichten mehrerer Oberlandesgerichtsbezirke zu fordernden Gutachten erstrecken, so hat der Oberlandesgerichtspräsident die Entscheidung des Justizministers einzuholen.

Der Oberlandesgerichtspräsident kann die Auswahl von Sachverständigen für einen beschränkten Kreis von Angelegen-

---

[1]) § 86 lautet: „Sachverständige für gerichtliche Angelegenheiten im allgemeinen zu beeidigen, ist Sache der Justizverwaltung. Das gleiche gilt für die Ausstellung von Zeugnissen über das in Preußen geltende Recht."

heiten, zu deren Beurteilung eine besondere Kenntnis der örtlichen Verhältnisse erforderlich ist, insbesondere für Schätzungen und Begutachtungen in landwirtschaftlichen Angelegenheiten, dem aufsichtführenden Richter eines Amtsgerichts übertragen.

§ 2[1]. Die Auswahl (§ 1) erfolgt von Amts wegen ohne Rücksicht auf etwaige Anträge. Vor der Auswahl sind Erkundigungen nach der Zuverlässigkeit und Sachkunde der zu beeidigenden Personen einzuziehen.

Besteht für die Interessenten an den Angelegenheiten, für welche die Beeidigung erfolgen soll, eine staatlich geordnete Vertretung (Handelskammer oder sonstige kaufmännische Korporation, Landwirtschaftskammer, Gewerbekammer, Ärztekammer, Apothekerkammer, Handwerkskammer u. dgl.), so ist diese zu hören. Sind an den Angelegenheiten, für welche die Beeidigung erfolgen soll, mehrere Vertretungen interessiert, so erfolgt die Anhörung einer jeden von ihnen. Im Falle eines Bedürfnisses zur allgemeinen Beeidigung von Sachverständigen sind die Vertretungen um den Vorschlag befähigter Personen zu ersuchen. Inwieweit freie Vereinigungen der Interessenten zu hören oder zu Vorschlägen aufzufordern sind, bleibt dem Ermessen des Landgerichtspräsidenten überlassen.

Die Vorschrift des Abs. 2 findet im Falle des § 1, Abs. 3 keine Anwendung.

Unmittelbare Staatsbeamte dürfen nur mit Genehmigung ihrer vorgesetzten Dienstbehörde als Sachverständige im allgemeinen beeidigt werden.

§ 3. Die Beeidigung erfolgt in der Regel für die von Gerichten des Landgerichtsbezirkes zu fordernden Gutachten. Im Falle des Bedürfnisses kann sie auch für Gutachten vor den Gerichten eines weiteren oder eines engeren Bezirks erfolgen.

Die Beeidigung kann von dem Landgerichtspräsidenten einem Mitgliede des Landgerichts oder des Amtsgerichts, in dessen Bezirk der Sachverständige seinen Wohnsitz hat, übertragen werden.

Im Falle des § 1, Abs. 3 erfolgt die Beeidigung durch den aufsichtführenden Amtsrichter und nur für die von dem Amtsgerichte zu fordernden Gutachten.

---

[1]) § 2, Abs. 2 hat hier die geänderte Fassung vom 19. März 1901 (JustMinBl. 1901, S. 72).

§ 4. Der Eid ist von dem Sachverständigen dahin zu leisten:
daß er die von einem Gericht im Bezirke des Landgerichts in ..... von ihm zu fordernden Gutachten über ..... unparteiisch und nach bestem Wissen und Gewissen erstatten werde.

In der Eidesformel ist hinter dem Worte „über" der Kreis der Angelegenheiten, für welche die Beeidigung erfolgt, zu bezeichnen. Erfolgt die Beeidigung nicht für die Gutachten vor den Gerichten eines Landgerichtsbezirks, so ist die Formel entsprechend abzuändern.

§ 5. Vor der Beeidigung ist dem Sachverständigen zu eröffnen:

daß er durch die Beeidigung die Eigenschaft eines öffentlich bestellten Sachverständigen nicht erlange, daß vielmehr nur bei seiner Vernehmung im Einzelfalle nach dem Ermessen des Gerichts statt der Eidesleistung die Berufung auf den allgemeinen Eid genüge; daß es ihm freistehe, sich „für die Gerichte des Landgerichtsbezirks ..... (oder für die sonstigen der Beeidigung entsprechenden Gerichte) beeidigter Sachverständiger" zu nennen.

Ferner hat sich der Sachverständige zu verpflichten:

daß er sich der Bezeichnung als gerichtlicher oder als gerichtlich bestellter oder beeidigter Sachverständiger ohne Angabe des Bezirkes, für den die Beeidigung erfolgt ist, nicht bedienen, daß er etwaige Veränderungen seines Wohnsitzes zu den Akten unverzüglich anzeigen und daß er im Falle seiner Streichung in der Sachverständigenliste den ihm erteilten Ausweis über seine Beeidigung unverzüglich zu den Akten zurückreichen und die ihm nach Abs. 1 gestattete Bezeichnung unterlassen werde.

Über die Beeidigung ist ein Protokoll aufzunehmen, welches die Eidesformel (§ 4), die Eröffnung (§ 5, Abs. 1) und die Verpflichtung (§ 5, Abs. 2) ihrem Wortlaute nach zu enthalten hat.

Der Sachverständige erhält eine beglaubigte Abschrift des Protokolls als Ausweis über seine Beeidigung.

§ 7. Bei jedem Gerichte wird ein nach den einzelnen Angelegenheiten geordnetes Verzeichnis der im allgemeinen beeidigten Sachverständigen geführt. Änderungen, welche die Person des Sachverständigen betreffen, insbesondere eine Verlegung der Wohnung oder des Wohnsitzes, sind nachzutragen.

Der Landgerichtspräsident hat von der Beeidigung sowie von jeder in dem Verzeichnisse des Landgerichts vorgenommenen Nachtragung oder Streichung den Gerichten, für welche die Beeidigung erfolgt ist, Kenntnis zu geben.

Die Einsicht des Verzeichnisses ist jedem gestattet. Eine Veröffentlichung der Eintragungen findet nicht statt.

§ 8[1]. Der Name des Sachverständigen ist in den Verzeichnissen zu streichen:

1. im Falle des Todes des Sachverständigen,
2. auf Antrag des Sachverständigen,
3. wenn sich der Sachverständige als unzuverlässig erweist, oder wenn sich erhebliche Bedenken gegen seine Sachkunde ergeben.

Die Streichung kann erfolgen, wenn der Sachverständige den Wohnsitz an einen Ort außerhalb des Bezirkes verlegt, für den er beeidigt ist, oder wenn er sich eine ihm nicht gestattete Bezeichnung (§ 5) beilegt.

Die Streichung erfolgt auf Anordnung des Landgerichtspräsidenten, im Falle des § 1, Abs. 3 des aufsichtführenden Amtsrichters. Die Streichung auf Grund des Abs. 1, Nr. 3 sowie auf Grund des Abs. 2 soll nur nach Anhörung des Sachverständigen erfolgen.

Die Richter und die Staatsanwälte haben Wahrnehmungen, die eine Streichung zu begründen geeignet sind, der zuständigen Stelle (Abs. 3) mitzuteilen. Von einer Streichung auf Grund des Abs. 1, Nr. 3, oder des Abs. 2 hat die zuständige Stelle unter Angabe der die Streichung begründenden Tatsachen diejenigen anderen Behörden in Kenntnis zu setzen, durch welche der Sachverständige bestellt oder im allgemeinen beeidigt worden ist.

§ 9. Nach Streichung des Sachverständigen ist dessen Ausweis (§ 6, Abs. 2) zurückzufordern. Wird der Ausweis nicht zurückgegeben, so ist die Streichung durch Aushang und, abgesehen von dem Falle des § 8, Abs. 1, Nr. 1, durch Einrückung in öffentliche Blätter bekannt zu machen. Im übrigen findet eine Veröffentlichung der Streichung nicht statt.

§ 10. Auf die allgemeine Beeidigung eines Dolmetschers (§ 191, Abs. 2 des Gerichtsverfassungsgesetzes) finden, sofern er

---

[1] § 8 Abs. 5 hat hier die geänderte Fassung vom 18. Juli 1907 (JustMinBl. 1907, S. 478).

nicht auf Grund der Dolmetscherordnung vom 18. Dez. 1899 (JustMinBl. 1899, S. 856) ernannt oder bestellt wird, der § 1, Abs. 1, 2, der § 2, Abs. 1, 4, der § 3, Abs. 1, 2 und die §§ 4/9 entsprechende Anwendung.

Der Eid ist von dem Dolmetscher dahin zu leisten:

daß er, wenn er als Dolmetscher von einem Gericht im Bezirk des Landgerichts in ..... zugezogen werde, die Verhandlungen und Schriftstücke aus der ..... Sprache oder in diese Sprache treu und gewissenhaft übertragen werde.

Für die Beeidigung eines Dolmetschers zur Verhandlung mit tauben oder stummen Personen ist die Eidesformel entsprechend zu ändern.

Vor der allgemeinen Beeidigung eines Dolmetschers hat der Landgerichtspräsident an den Regierungspräsidenten (für den Stadtkreis Berlin an den Oberpräsidenten) die Anfrage zu richten, ob gewünscht werde, daß die Beeidigung gemäß §§ 10, 11 der Vorschriften zur Ausführung des Gesetzes über die Beurkundung des Personenstandes und die Eheschließung (Bekanntmachung des Reichskanzlers vom 25. März 1899, Reichs-Gesetzbl. 1899, S. 225) auf die Standesämter erstreckt werde, und für den Fall der Bejahung um Bezeichnung der betreffenden Standesämter zu ersuchen. In diesem Falle sind, wenn der zu beeidigende Sachverständige einverstanden ist, die Standesämter in die Eidesformel mit aufzunehmen. Beglaubigte Abschrift des Beeidigungsprotokolls ist dem Regierungspräsidenten (für den Stadtkreis Berlin dem Oberpräsidenten) mit dem Ersuchen um Benachrichtigung der betreffenden Standesämter zu übersenden.

§ 11. Eine Bestellung oder Ernennung von Sachverständigen durch die Justizbehörde findet nicht mehr statt.

Auf die zurzeit vorhandenen, von Justizbehörden bestellten, ernannten oder im allgemeinen beeidigten Sachverständigen finden die §§ 7 bis 9 dieser Verfügung entsprechende Anwendung.

§ 12. Diese Verfügung tritt am 1. April 1900 in Kraft.

§ 13. Die Vorschriften, nach welchen andere Behörden zuständig sind, Sachverständige im allgemeinen zu beeidigen (vgl. z. B. § 42, Abs. 1 des Gesetzes über die Handelskammern[1]) vom 24. Febr. 1870/19. Aug. 1897, Gesetzsammlg. 1897, S. 355) bleiben unberührt.

---

[1]) Abgedruckt auf S. 27.

§ **14**[1]. Wenn eine zur öffentlichen Anstellung von Gewerbetreibenden befugte Staats- oder Kommunalbehörde oder Korporation (§ 36 der Gewerbeordnung)[2], insbesondere eine Handelskammer im Falle des § 42, Abs. 1 des Gesetzes über die Handelskammern, von der für Begutachtungen erfolgten Bestellung und Beeidigung eines solchen Gewerbetreibenden Mitteilung macht, so ist dessen Name in das nach § 7 zu führende Verzeichnis der Sachverständigen einzutragen. Um die Anwendung der Vorschriften des § 404, Abs. 2 der Zivilprozeßordnung und des § 73, Abs. 2 der Strafprozeßordnung zu erleichtern, ist bei dem Namen die Tatsache der öffentlichen Bestellung ersichtlich zu machen.

Die Mitteilungen erfolgen an den Landgerichtspräsidenten. Dieser hat die Eintragung bei dem Landgerichte zu veranlassen und von der Mitteilung den Gerichten Kenntnis zu geben, die in dem Bezirke des bestellenden Organs oder, falls der Gewerbetreibende nur für einen engeren Bezirk öffentlich bestellt ist, in diesem Bezirk ihren Sitz haben; bei diesen Gerichten ist die Eintragung auf Grund der Benachrichtigung des Landgerichtspräsidenten zu bewirken.

Ist der bestellte Gewerbetreibende zugleich auf Grund der §§ 1 ff. allgemein für gerichtliche Angelegenheiten beeidigt worden, und soll er in dieser Eigenschaft auf Grund des § 8, Abs. 1, Nr. 3 oder des § 8, Abs. 2 gestrichen werden, so hat dies in der Weise zu geschehen, daß bei seinem Namen vermerkt wird: „Als gerichtlich beeidigter Sachverständiger gestrichen."

Wird die öffentliche Bestellung eines zugleich für gerichtliche Angelegenheiten allgemein beeidigten Sachverständigen zurückgenommen, ohne daß er in letzterer Eigenschaft gestrichen wird, so ist die Zurücknahme in dem Verzeichnisse zu vermerken.

Berlin, den 5. Februar 1900.

Der Justizminister.
Schönstedt.

[1]) § 14 hat hier die geänderte Fassung vom 18. Juli 1907 (JustMinBl. 1907, S. 478).

[2]) Abgedruckt auf S. 9.

b) Allgemeine Verfügung des Justizministers vom 15. Juni 1883, betreffend die Berechnung der Gebühren der Zeugen und Sachverständigen.

(JustMinBl. 1883, Nr. 25, S. 190.)

Die Feststellungen der den Zeugen und Sachverständigen zu gewährenden Beträge erfolgen bei den Gerichten des nämlichen Bezirks und selbst bei einem und demselben Gerichte vielfach nach verschiedenen Unterlagen und Grundsätzen. Um in dieser Hinsicht ein einheitlicheres Verfahren herbeizuführen, werden die nachstehenden Anordnungen getroffen:

1. Die Berechnung der Gebühren der Zeugen und Sachverständigen ist nur einem Gerichtsschreiber, bei größeren Gerichten nur einigen Gerichtsschreibern zu übertragen.
2. Bei den Landgerichten und Amtsgerichten sind, soweit dies ohne besondere Kosten geschehen kann, über die Entfernungen der zu dem Bezirke gehörigen Orte vom Sitze des Gerichts Tabellen anzulegen.
3. Für jedes Gericht oder für mehrere Gerichte, in welchen die Verhältnisse im wesentlichen gleich liegen, sind über die Entschädigungen, welche den Zeugen, je nach ihrer Zugehörigkeit zu verschiedenen Erwerbsklassen oder -gruppen, als Erwerbsversäumnis, und über die Vergütungen, welche den verschiedenen Arten von Sachverständigen für ihre Leistungen zu gewähren sind, sowie über die den Zeugen und Sachverständigen zu bewilligenden Aufwandsentschädigungen Tarife [1]) aufzustellen.
4. Die Präsidenten der Oberlandesgerichte haben die zur Ausführung der vorstehenden Vorschriften erforderlichen Anordnungen zu erlassen und die Tarife (Nr. 3) festzustellen.
5. Die Gerichtsschreiber dürfen bei der Berechnung der den Zeugen und Sachverständigen zu gewährenden Beträge von den durch die Entfernungstabelle und den Tarif gegebenen Grundlagen nur abweichen, soweit die Abweichung durch den, die Liquidation festsetzenden Richter angeordnet wird. Ist eine solche Anordnung getroffen, so hat der Gerichtsschreiber dies auf der Liquidation kurz zu bemerken.

Berlin, den 15. Juni 1883.

Der Justizminister:
Friedberg.

---

[1]) Beispiele für derartige Tarife sind auf S. 44 ff. gegeben.

c) Allgemeine Verfügung des Justizministers vom 14. Sept. 1914 betreffend die Berechnung der Gebühren der Zeugen und Sachverständigen.

(JustMinBl. 1914, Nr. 37, S. 710.)

Die Gebührenordnung für Zeugen und Sachverständige vom 30. Juni 1878 (RGBl. S. 173) in der Fassung der Bekanntmachung des Reichskanzlers vom 20. Mai 1898 (RGBl. S. 689) ist durch das am 1. Okt. 1914 in Kraft tretende Gesetz vom 10. Juni 1914 (RGBl. S. 214) abgeändert worden. Zur Erläuterung der gesetzlichen Vorschriften und zur Herbeiführung eines einheitlichen Verfahrens bei Feststellung der den Zeugen und Sachverständigen zu gewährenden Beträge werden mit Geltung vom 1. Okt. 1914 ab in Ergänzung der Allgemeinen Verfügung vom 15. Juni 1883 (JustMinBl. S. 190) [1]) die nachstehenden Anordnungen getroffen:

1. Zeugen- und Sachverständigengebühren werden nach § 111 [2]) der Etatsvorschriften in der Fassung der Allgemeinen Verfügung vom 14. Sept. 1914 (JustMinBl. S. 709) zur Zahlung angewiesen.
3. Die erhöhte Vergütung nach § 3, Abs. 1, Satz 2 a. a. O. darf nur gewährt werden, soweit die im § 111 der Etatsvorschriften in der Fassung der Allgemeinen Verfügung

[1]) Abgedruckt auf S. 42.

[2]) Der betreffende dritte Absatz des § 111 der Etatsvorschriften hat nach der allgemeinen Verfügung des Justizministers vom 14. Sept. 1914 (JustMinBl. 1914, S. 710) folgenden Wortlaut:

„Bare Auslagen für Rechnung des Fonds Kap. 77 werden von dem Richter (Vorsitzenden), Staatsanwalt oder etatmäßigen Amtsanwalt, durch dessen Amtshandlung oder Anordnung die Ausgaben veranlaßt sind, zur Zahlung angewiesen. Für die Anweisung zur Zahlung von Zeugen- und Sachverständigengebühren ist, wenn nicht eine gerichtliche Festsetzung (§ 17 der GebO. f. Z. u. S.) stattzufinden hat, neben den vorbezeichneten Beamten der Gerichtsschreiber (Sekretär) zuständig, dem die Feststellung der Beträge obliegt, sofern er nicht mit der Auszahlung der Gebühren befaßt ist, und sofern es sich nicht um eine auf Grund des § 4 der GebO. f. Z. u. S. gewährte Vergütung handelt. Die Anweisung durch den Gerichtsschreiber erfolgt auf Grund einer Bescheinigung des in Satz 1 bezeichneten Beamten, daß der Zeuge oder Sachverständige bestimmungsgemäß zu entschädigen ist; in der Bescheinigung ist, falls eine erhöhte Vergütung gemäß § 3, Abs. 1 Satz 2 a. a. O. gewährt werden soll, deren Stundenbetrag nach Mark zu bezeichnen (z. B. zu Nr. ..... Stundenbetrag .... Mark)."

vom 14. Sept. 1914 (JustMinBl. S. 709) vorgeschriebene Bescheinigung vorliegt.

4. Die im § 8 a. a. O. für Aufwand und Nachtquartier bestimmten Beträge von 7,50 Mark und 4,50 Mark sind Höchstbeträge, die in keinem Falle überschritten werden dürfen.
5. Betrifft Zeugengebühren.
6. Die Oberlandesgerichtspräsidenten haben eine den Bestimmungen des Gesetzes vom 10. Juni 1914 und den Grundsätzen dieser Verfügung entsprechende Ergänzung der gemäß Nr. 3 und 4 der Allgemeinen Verfügung vom 15. Juni 1883 festgestellten Tarife zu veranlassen[1]).
7. In Nr. 5 der Allgemeinen Verfügung vom 15. Juni 1883 (JustMinBl. 1883, S. 190)[2]) werden die Worte „die Liquidation festsetzenden" gestrichen.

Berlin, den 14. Sept. 1914.

Der Justizminister.
Dr. Beseler.

d) Tarife für Zeugen- und Sachverständigengebühren.

Durch die vorstehend abgedruckte Verfügung des Justizministers vom 14. Sept. 1914 ist den Oberlandesgerichtspräsidenten aufgegeben worden, zur Ergänzung der Bestimmungen der GebO. f. Z. u. S. Tarife zu erlassen, die den unterstellten Gerichten als Ausführungsanweisung dienen sollen. Als Beispiele derartiger Anweisungen seien die nachstehend auszugsweise wiedergegebenen Tarife für die Oberlandesgerichtsbezirke Marienwerder, Hamm, Kiel und Düsseldorf angeführt.

Tarif für den Oberlandesgerichtsbezirk Marienwerder.

(Verfügung vom 27. April 1915.)

1. Personen, welche durch einfache Handarbeit, Handwerksarbeit oder geringeren Gewerbebetrieb ihren Unterhalt suchen, oder sich in gleichen Verhältnissen mit solchen Personen befinden, erhalten die nach dem geringsten Satze zu bemessende Entschädigung auch dann, wenn die Versäumnis eines Erwerbes nicht stattgefunden hat.

---

[1]) Beispiele derartiger Tarife sind gegeben auf S. 44 ff.
[2]) Abgedruckt auf S. 42.

Im übrigen ist eine Entschädigung für Zeitversäumnis unter Berücksichtigung des von dem Zeugen versäumten Erwerbes zu gewähren.

Den in einem Dienstverhältnis stehenden, auch den in gewerblichen oder landwirtschaftlichen Betrieben in leitender Stellung gegen festes Gehalt angestellten Personen (Wirtschaftsinspektoren u. dgl.) sind Versäumniskosten ungeachtet der Vorschrift des § 616 BGB. zu gewähren, falls und soweit ihnen tatsächlich von ihrem Brotherrn wegen der Wahrnehmung des Termins ein Abzug von der ihnen zustehenden Vergütung gemacht wird.

Die Frage, ob eine Erwerbsversäumnis stattgefunden hat, ist nach freiem Ermessen unter Berücksichtigung der Lebensverhältnisse und der Erwerbstätigkeit des Zeugen zu entscheiden (§ 2, Abs. 2, Satz 2, GebO.). Nach Nr. 2. der Allgemeinen Verfügung vom 14. Sept. 1914 — JustMinBl. S. 710[1]) — soll regelmäßig bei selbständigen Gewerbetreibenden (Gastwirten, Kaufleuten, Agenten usw.) und bei Angehörigen freier Berufe (Ärzten, Rechtsanwälten, Patentanwälten usw.) die Zahlung einer Entschädigung nicht von der Beibringung eines besonderen Nachweises abhängig gemacht werden, daß sie im Einzelfall einen Erwerbsverlust erlitten haben. In jedem Falle ist die Entschädigung für jeden Tag auf nicht mehr als 10 Stunden zu gewähren (§ 2 GebO.).

2. Auf Sachverständige, für deren Leistung ein üblicher Preis besteht (§ 4, Abs. 1, GebO.) und ferner in dem Falle, wenn sich in bürgerlichen Rechtsstreitigkeiten die Parteien dem Gerichte gegenüber mit einer bestimmten Vergütung für die Leistung des Sachverständigen einverstanden erklärt haben, und ein zu ihrer Deckung ausreichender Betrag an die Staatskasse gezahlt ist, findet der Tarif keine Anwendung (§ 4, 4a GebO.).

3. Öffentliche Beamte erhalten Tagegelder und Reisekosten nach Maßgabe der für Dienstreisen geltenden Vorschriften, falls sie zugezogen werden:

1. als Zeugen über Umstände, von denen sie in Ausübung ihres Amts Kenntnis erhalten haben,
2. als Sachverständige aus Veranlassung ihres Amtes, und wenn die Ausübung der Wissenschaft, der Kunst oder des

[1]) Abgedruckt auf S. 43.

Gewerbes, deren Kenntnis Voraussetzung der Begutachtung ist, zu den Pflichten des von ihnen versehenen Amts gehört (§ 14 GebO.).

4. Der Zeuge und der Sachverständige erhalten außer den nebenseitig ausgeworfenen Sätzen noch eine Reiseentschädigung, welche stets zu gewähren ist, wenn sie außerhalb ihres Aufenthaltsorts einen Weg bis zur Entfernung von mehr als 2 Kilometer zurücklegen mußten, oder wenn der Weg ohne Benutzung von Transportmitteln überhaupt nicht zurückgelegt werden kann. Die Reiseentschädigung besteht entweder in der Entschädigung für die Fußreise oder in den Kosten der Benutzung der Transportmittel. Die Entschädigung für die Fußreise beträgt ohne Unterschied für jedes angefangene Kilometer des Hinweges und des Rückweges 10 Pfennig.

Die Kosten der Transportmittel sind zu gewähren, soweit nach den persönlichen Verhältnissen des Zeugen oder Sachverständigen oder nach äußeren Umständen, z. B. Länge des Weges, Wetter, Benutzung der Eisenbahn usw., die Benutzung von Transportmitteln für angemessen zu erachten ist.

Wo Post-, Eisenbahn-, Dampfschiff-, Kleinbahn-Verbindung vorhanden ist, müssen diese Beförderungsmittel benutzt werden; die dafür verauslagten Beträge sind zu erstatten.

Bei Benutzung eines Fuhrwerkes ist der verauslagte, angemessene Fuhrlohn und bei eigenem Fuhrwerk der nachweislich ortsübliche Preis zu vergüten. Läßt sich derselbe nicht feststellen, so sind bei Entfernungen bis einschließlich 8 Kilometer etwa 50 Pfennig für jedes Kilometer der Hinreise und der Rückreise, und für jedes weitere Kilometer etwa 30 bis 40 Pfennig zu vergüten (§§ 7, 9, 10 a. a. O.).

Für die Benutzung eines eigenen Fahrrades werden höchstens 15 Pfennig, für ein gemietetes Fahrrad der angemessene Preis, höchstens 20 Pfennig, für ein Reitpferd höchstens 20 Pfennig, für einen Kraftwagen höchstens 40 bis 50 Pfennig für jedes Kilometer des Hinweges und des Rückweges zu erstatten sein. Die letztere Entschädigung jedoch nur, wenn bescheinigt wird, daß die Benutzung eines anderen Verkehrsmittels zur rechtzeitigen Wahrnehmung des Termins ausgeschlossen, und daß durch die Benutzung des Kraftwagens eine geringere Entschädigung für Zeitversäumnis zu gewähren ist.

5. Der Sachverständige erhält für seine Leistungen eine Vergütung nach Maßgabe der erforderlichen Zeitversäumnis und unter Berücksichtigung seiner Erwerbsverhältnisse. Außerdem sind ihm die auf die Vorbereitung des Gutachtens verwendeten Kosten sowie die für eine Untersuchung verbrauchten Stoffe und Werkzeuge zu vergüten (§ 3 GebO.).

Wenn die Leistung des Sachverständigen besonders schwierig ist, so kommt § 3, Abs. 1, Satz 2, GebO. zur Anwendung. Die erhöhte Vergütung bis zu 6 Mark für jede angefangene Stunde darf aber nur gewährt werden, soweit die im § 111 der Etatsvorschriften[1]) in der Fassung der Nr. 3 der Allgemeinen Verfügung vom 14. Sept. 1914 — JustMinBl. S. 709 f. — vorgeschriebene Bescheinigung vorliegt. Wenn für die aufgetragene Leistung ein üblicher Preis besteht, kommt § 4 GebO. in Anwendung. Für die außerdem stattfindende Teilnahme an Terminen wird die im § 3, Abs. 1, Satz 1 und Abs. 2 geregelte Vergütung gewährt. Soweit für gewisse Arten von Sachverständigen besondere Taxvorschriften[2]) bestehen, ist § 13 GebO. zu beachten.

6. Als versäumt gilt für den Zeugen oder Sachverständigen auch die Zeit, während welcher er seine gewöhnliche Beschäftigung nicht wieder aufnehmen kann (§ 5 GebO.).

7. Abgaben für die erforderliche Benutzung eines Weges sind in jedem Falle zu erstatten (§ 11 GebO.).

8. Bedarf der Zeuge wegen jugendlichen Alters oder wegen Gebrechen eines Begleiters, so sind die Entschädigungen für beide zu gewähren (§ 12 GebO.).

9. Den Zeugen und Sachverständigen können nach billigem Ermessen auch die notwendigen baren Auslagen und die Kosten für eine notwendige Vertretung erstattet werden (§ 12a GebO.).

10. Die Gebühren der Zeugen und Sachverständigen werden nur auf Verlangen angewiesen, der Anspruch erlischt, wenn das Verlangen nicht binnen drei Monaten nach Beendigung der Zuziehung oder Abgabe des Gutachtens bei dem zuständigen Gerichte angebracht wird (§ 16 GebO.).

11. Zu den Berechnungen sind die in der Rechnungsordnung für die Preußischen Justizbehörden vom 16. Mai 1914 bezeichneten Formulare[3]) zu verwenden.

---

[1]) Abgedruckt auf S. 43, Fußnote 2.
[2]) Vgl. hierzu S. 14, Fußnote 2.
[3]) Formulare, die die Gerichtsbehörden zu verwenden haben.

12. Die in dem Gesetze als Entschädigung ausgesetzten höchsten Beträge, nämlich:

a) 1,50 Mk. bzw. 3 Mk. Versäumnis-Entschädigung für die Stunde an Zeugen und Sachverständige,

b) 7,50 Mk. Aufwandsentschädigung für den Tag,

c) 4,50 Mk. für jedes Nachtquartier

dürfen — vorbehaltlich der Bestimmung über die erhöhte Vergütung der Sachverständigen gemäß § 3, Abs. 1, Satz 2, Gebührenordnung — nicht überschritten werden.

13. Nach Nr. 5 der Allgemeinen Verfügung vom 14. Sept. 1914 — JustMinBl. S. 710 — ist einem Teile der Nebengebühren der Beamten des Fahrdienstes der Staatseisenbahnverwaltung die Eigenschaft eines bei der Pensionierung anrechnungsfähigen Diensteinkommens beigelegt worden. Für die anrechnungsfähigen Summen sind feste Beträge bestimmt. Diese stellen sich:

a) für die Lokomotivführer, Ersten Seemaschinisten, Schiffsmaschinisten und Zweiten Seemaschinisten auf 540 Mk.

b) für die Zugführer, Packmeister, Lokomotivheizer, Feuermänner, Triebwagenführer und Seemaschinenwärter auf 300 Mk.,

c) für die Schiffskapitäne erster Klasse, Schiffskapitäne, Zweiten Seesteuermänner, Steuermänner und Dritten Seesteuermänner sowie die Schaffner und Wagenaufseher auf 200 Mk. und

d) für die Schiffsheizer auf 180 Mk. und

e) für die Matrosen auf 150 Mk.

Den vorbezeichneten Beamten ist hiernach in gerichtlichen Angelegenheiten an Zeugengebühren der auf die Tage der Zeugenvernehmung entfallende Teil der angegebenen Jahresbeträge als Erwerbsversäumnis zu zahlen.

14. Die Gerichtsschreiber dürfen bei der Berechnung der den Zeugen und Sachverständigen zu gewährenden Beträge von den durch die Entfernungskarten und diesen Tarif gegebenen Grundlagen nur abweichen, soweit die Abweichung durch den Richter angeordnet ist. Ist eine solche Anordnung getroffen, so hat der Gerichtsschreiber dies auf der Berechnung kurz zu bemerken.

15. Für die Anweisung zur Zahlung von Zeugen- und Sachverständigengebühren ist, wenn nicht eine gerichtliche Festsetzung (§ 17 der GebO.) stattzufinden hat, neben dem Richter (Vorsitzenden), Staatsanwalt oder etatsmäßigen Amtsanwalt, durch

dessen Amtshandlung oder Anordnung die Ausgaben veranlaßt sind, der Gerichtsschreiber (Sekretär) zuständig, dem die Festsetzung der Beträge obliegt, sofern er nicht mit der Auszahlung der Gebühren befaßt ist, und sofern es sich nicht um eine auf Grund des § 4 GebO. gewährte Vergütung handelt. Die Anweisung durch den Gerichtsschreiber erfolgt auf Grund einer Bescheinigung des Richters (Vorsitzenden), Staatsanwalts oder etatsmäßigen Amtsanwalts, daß der Zeuge oder Sachverständige bestimmungsgemäß zu entschädigen ist. In der Bescheinigung ist, falls an einen Sachverständigen eine erhöhte Vergütung gemäß § 3, Abs. 1, Satz 2, GebO. gewährt werden soll, deren Stundenbetrag nach Mark zu bezeichnen (z. B. „zu Nr. . . . Stundenbetrag . . . Mark") (§ 111 Etatsvorschr.).

Die Zeugen und Sachverständigen werden in 6 Klassen eingeteilt, von denen hier nur die Klassen 3 bis 6 interessieren:

Klasse 3. Eigentümer und Pächter größerer Ackerwirtschaften, Fuhrleute, Barbiere, Handwerker, Gastwirte und Handelsleute mit geringem Geschäftsbetriebe, Handlungsgehilfen, -gehilfinnen und Reisende in nicht umfangreichen Geschäften, Verkäuferinnen, Hebammen, Kraftwagenführer, Fabrikmeister, Werkführer kleinerer Betriebe, Maurer- und Zimmerpoliere, Prozeßagenten und Lohnschreiber.

Klasse 4. Kaufleute, Gastwirte, Handwerksmeister, Geschäfts- und Grundstücksagenten, Dampfschiffführer, Monteure, Luftschiffpiloten, Flieger, Gewerbetreibende, Handelsleute mit größerem Geschäftsumfange, Unterbeamte im Staats- und Kommunaldienste und die diesen gleichstehenden Privatangestellten, Gendarme, Unteroffiziere, Feldwebel und Wachtmeister, Privatförster, Wirtschaftsbeamte, mäßig bemittelte Bürger, Bauunternehmer mit geringerem Geschäftsumfange, Gemeinde- und Gutsvorsteher, sofern für diese nach ihrem eigentlichen Berufe nicht die Bewilligung einer höheren Entschädigung angemessen erscheint.

Klasse 5. Kaufleute, Hotelbesitzer, Handwerksmeister, Agenten und Handelsleute mit bedeutendem Geschäftsbetriebe, Besitzer und Pächter großer Vorwerke, Mühlen und kleiner Landgüter, Maurer- und Zimmermeister, Privatbaumeister und größere Bauunternehmer, Techniker, Schiffskapitäne, Steuerleute größere Bauunternehmer, Techniker, Schiffskapitäne, Steuerleute, höhere Wirtschaftsbeamte, Administratoren, Privatoberförster, Bürgermeister kleinerer und mittlerer Städte, Prokuristen in großen Geschäften, mittlere Beamte im Staats- und Kommunaldienste und die diesen gleichstehenden Privatangestellten, Lehrer an Volks- und Mittelschulen, wohlhabende Bürger.

Klasse 6. Besitzer und Pächter großer Güter oder Fabriken, Domänenpächter, Kaufleute und Hotelbesitzer mit großartigem Geschäftsbetriebe, Apothekenbesitzer, Architekten, Ingenieure, Geistliche, Leiter und Lehrer höherer Lehranstalten, Kreisbaumeister und Bauinspektoren, Ärzte, Anwälte, höhere Staats- und Kommunalbeamte und die diesen gleichstehenden Privatangestellten, Offiziere und andere hierher zu zählende Einwohner des Staats.

Die Gebühren ergeben sich aus folgender Zusammenstellung.

Klasse	Vergütung für die Stunde	Aufwandentschädigung in Mark	
	Mark	für 1 Tag	für 1 Übernachtung
3	1,00 bis 2,00	2,00 bis 3,50	1,50 bis 2,50
4	1,50 bis 2,50	2,50 bis 4,00	2,00 bis 3,00
5	2,00 bis 3,00	3,00 bis 6,00	3,00 bis 4,00
6	2,00 bis 3,00	4,50 bis 7,50	3,00 bis 4,50

Tarif für das Oberlandesgericht Hamm.

(Auszug aus der Verfügung vom 2. Oktober 1914.)

1. Der Tarif ist für alle in Zivil- und Strafsachen festzusetzenden Gebühren maßgebend; er greift in gewöhnlichen Fällen Platz.

Die zu bewilligenden Gebühren sind in solchen Fällen in der Regel innerhalb des für die betreffende Klasse festgesetzten Mindest- und Höchstsatzes zu bewilligen. Eine Abweichung von den gegebenen Grundlagen ist nur zulässig, wenn solche durch den die Gebührenberechnung festsetzenden Richter angeordnet wird. Ist eine solche Anordnung getroffen, so hat der Gerichtsschreiber das auf der Berechnung kurz zu vermerken.

5. Personen, welche in dem Tarif nicht genannt sind, werden nach ihrem Stande, bzw. nach ihren Erwerbs- und Lebensverhältnissen in die betreffende Klasse des Tarifs eingereiht.

6. Bezüglich solcher Sachverständigen, hinsichtlich deren Bezüge besondere Taxvorschriften [1]) bestehen, sowie bezüglich der Gebühren der öffentlichen Beamten wird auf die Vorschriften in §§ 13, 14 der Gebührenordnung vom 30. Juni 1878 bzw. 10. Juni 1914 verwiesen.

Es werden in dieser Verfügung sodann die Zeugen und Sachverständigen nach fünf Klassen geordnet, und die Gebühren- und Aufwandsätze angegeben. Uns interessieren nur die Klassen 4 und 5:

Klasse 4 umfaßt: Handwerker, die ihr Gewerbe in größerem Umfange betreiben, Maurer- und Zimmermeister, Kaufleute, Prokuristen, Fabrikanten mit größerem Grundbesitz, Privat- und Gemeindebaumeister, Techniker, Ingenieure und Architekten ohne Hochschulbildung, Gerichtstaxatoren, Apotheker in Stellung, Ortsvorsteher, Amtmänner, Bürgermeister in kleinen Städten, Rektoren und Lehrer an Privat- und Volksschulen, sowie an Seminaren, Lehrerinnen, mittlere Beamten, Feldmesser, Förster, Baugewerksmeister, Oberförster ohne Hochschulbildung, Hotelbesitzer, Bücherrevisoren, Rentmeister.

Klasse 5 umfaßt: Besitzer und Leiter bedeutender Fabriken und gewerblicher Unternehmungen, Handels- und Bankierhäuser, Großgrundbesitzer, Bürgermeister in größeren Städten, Ärzte, Geistliche, Rechtsanwälte, Notare, Direktoren und wissenschaftliche Lehrer an höheren Lehranstalten, höhere Beamte, Apothekenbesitzer, Oberförster und Architekten, sowie Ingenieure mit Hochschulbildung.

Für diese beiden Klassen betragen die Sätze:

Klasse	Vergütung für eine Stunde Mark	Aufwandentschädigung für einen Tag Mark
4	2,00 bis 2,40	5,50
5	2,40 bis 3,00	7,50

[1]) Vgl. hierzu Fußnote 2 auf S. 14.

Tarif für das Oberlandesgericht Kiel.

(Auszug aus der Verfügung vom 30. September 1914.)

Aus den Bestimmungen ist zu erwähnen, daß Bücherrevisoren, Konkursverwalter, selbständige größere Gewerbetreibende, Fabrikanten, Kaufleute und Dolmetscher zur Klasse 3 (Maximalsätze: 2,50 Mk./Std., Aufwand 6 Mk., Nachtquartier 4 Mk.) gehören, während Klasse 4 (Maximalsätze 3,00 Mk. bzw. 7,50 Mk., bzw. 4,50 Mk.) Personen umfaßt, „deren Beruf oder Gewerbe höhere wissenschaftliche oder höhere technische Bildung erfordert", wie z. B. Architekten, Chemiker, Ingenieure, Ärzte, Zahnärzte, Tierärzte, ferner Großkaufleute, Großfabrikanten, Leiter und Prokuristen großer Unternehmungen usw.

Hinsichtlich der Aufwandentschädigung wird bestimmt, daß bei ihrer Bemessung zu prüfen ist, ob überhaupt ein Aufwand durch Abwesenheit von dem Aufenthaltsorte verursacht wurde.

Tarif für das Oberlandesgericht Düsseldorf.

(Auszug aus der Verfügung vom 22. Okt. 1914.)

In den Bestimmungen, die gleichfalls einen Tarif mit vier Klassen enthalten, werden die Architekten, Bauunternehmer, Bücherrevisoren, Feldmesser, Tierärzte, Apotheker usw. in die Klasse 3 (Stundensatz 1—2 Mk. Aufwandentschädigung bis 5,50 bzw. 3,50 Mk.), die Ingenieure, „Baumeister", Fabrikdirektoren und Ärzte dagegen in die Klasse 4 (Maximalsätze 2—3 Mk., bzw. 7,50 Mk., bzw. 4,50 Mk.) eingereiht.

---

2. Die Bestimmungen über ein für allemal beeidigte Sachverständige und die Gebührenordnung für Zeugen und Sachverständige in den deutschen Bundesstaaten.

Die in den Bundesstaaten geltenden Gesetze und Verfügungen schließen sich an die bestehenden Reichsgesetze an und entsprechen im wesentlichen den vorstehend abgedruckten Verfügungen des Preußischen Justizministers. Nachstehend sind diese Gesetze und Verfügungen der bundesstaatlichen Justizministerien unter Angabe der Daten und der Veröffentlichungsstellen zitiert; bemerkenswerte Einzelheiten und insbesondere Abweichungen von den preußischen Bestimmungen sind kurz angegeben.

Anhalt.

1. Beeidigung. Die allgemeine Beeidigung von Sachverständigen für gerichtliche Angelegenheiten ist geregelt durch die an die Justizbehörden ergangene allgemeine Verfügung vom 24. Febr. 1900, die in einzelnen Punkten durch Verfügungen vom 12. März 1901, vom 6. April 1901 und vom 7. Aug. 1903 Abänderungen erfahren hat. Eine Veröffentlichung der Verfügungen ist nicht erfolgt.

Die Verfügung nimmt Bezug auf § 62a des Ausführungsgesetzes zum deutschen Gerichtsverfassungsgesetz (Gesetz Nr. 521 in Verbindung mit Artikel 109 unter VI des Gesetzes Nr. 1039).

Zuständig für die Auswahl von Sachverständigen ist im allgemeinen der Landgerichtspräsident, er kann sie indessen auch dem aufsichtführenden Richter eines Amtsgerichts übertragen. Die Auswahl erfolgt von Amts wegen ohne Rücksicht auf etwaige Anträge. Die Beeidigung erfolgt in der Regel für alle Gerichte des Herzogtums.

2. Gebühren. Besondere Bestimmungen bestehen nicht.

Baden.

1. Beeidigung. Die allgemeine Beeidigung von Sachverständigen für gerichtliche Angelegenheiten ist geregelt durch die Verordnung des ehemaligen Ministeriums der Justiz, des Kultus und Unterrichts vom 12. Apr. 1910, (Gesetzes- und Verordnungsblatt für das Großherzogtum Baden 1910, Nr. 16, S. 161 ff.). Die Bestimmungen sind im wesentlichen die gleichen wie in Preußen. Abweichende Bestimmungen sind folgende:

Die Beeidigung von Sachverständigen im allgemeinen steht allen ordentlichen Gerichten zu.

Die Gerichtsvorstände sind ermächtigt, mit den allgemein beeidigten Sachverständigen vorbehaltlich der Genehmigung des Justizministeriums gemäß § 15 der GebO. f. Z. u. S. die Gebühren für die bei dem Gerichte vorkommenden Geschäfte durch schriftliches Übereinkommen zu bestimmen.

2. Gebühren: Bezüglich der Handhabung der Gebührenordnung f. Z. u. S. ist der Erlaß vom 5. Okt. 1914, Nr. J. 39025

(JustMinBl. 1914, Nr. 24, S. 172) maßgebend. Er nimmt Bezug auf das Gesetz vom 10. Juni 1914 und enthält einige allgemeine Ausführungsbestimmungen ähnlich denen der von den preußischen Oberlandesgerichtspräsidenten erlassenen (vgl. S. 44 ff.).

Bayern.

a) Beeidigung. In Bayern ist für die allgemeine Beeidigung der Sachverständigen maßgebend der durch Artikel 167 II des Ausführungsgesetzes zum Bürgerlichen Gesetzbuch eingefügte Artikel 15a. des Ausführungsgesetzes zum Gerichtsverfassungsgesetze. Er lautet:

„Die Amtsgerichte können für bestimmte Arten von Gutachten, soweit nicht besondere Vorschriften maßgebend sind, Sachverständige öffentlich bestellen und im allgemeinen beeidigen."

Diese Vorschrift gilt sowohl für das Gebiet der streitigen Gerichtsbarkeit (Zivilprozeß, Strafprozeß) als auch der freiwilligen Gerichtsbarkeit und der Justizverwaltung; sie berührt nicht die bestehenden besonderen Vorschriften z. B. in den Gesetzen betreffend das Urheberrecht an Schriftwerken, an Werken der bildenden Künste usw.[1]) Durch die Bekanntmachung Nr. 15056 vom 27. März 1909 (JustMinBl. 1909, S. 150) ist folgendes angeordnet:

„Sollen für bestimmte Arten von Gutachten Sachverständige öffentlich bestellt und im allgemeinen beeidigt werden, so ist, wenn es sich um die Bestellung von Sachverständigen zur Abgabe von Gutachten auf dem Gebiete des Handels oder der Gewerbe handelt, die Handelskammer, wenn es sich um die Bestellung von Sachverständigen zur Abgabe von Gutachten auf dem Gebiete des Handwerks handelt, die Handwerkskammer zu hören. Die erfolgte Bestellung und Beeidigung ist der Handelskammer oder der Handwerkskammer mitzuteilen."

§ 2 Ziff. 6 der Allerhöchsten Verordnung vom 25. Febr. 1908, die Handelskammern und Handelsgremien betreffend (Ges. u. Verordn.-Bl. 1908, S. 69 ff.) bestimmt:

„Die Handelskammern sind befugt, Gewerbetreibende der in § 36 der Gewerbeordnung bezeichnenden Art, deren

---

[1]) Vgl. die Bestimmungen auf S. 9.

Tätigkeit in das Gebiet des Handels und der Industrie fällt, mit Ausnahme der Auktionatoren, öffentlich anzustellen und zu beeidigen."

b) Gebühren. Taxvorschriften im Sinne des § 13 der GebO. f. Z. u. S. sind enthalten:

α) in der Allerhöchsten Verordnung vom 17. Nov. 1902/4. Aug. 1910, Gebühren für ärztliche Dienstleistungen bei Behörden betreffend (Ges. u. Verordn.-Bl. 1902, S. 715ff. u. 1910, S. 415 ff.),

β) in der Bekanntmachung vom 18. Febr. 1907, die Messungs- und Abmarkungsgebühren betreffend (FinMinBl. 1907, S. 117 ff.),

γ) in der Allerhöchsten Verordnung vom 29. Sept. 1878, Vornahme der chemischen und mikroskopischen Untersuchungen betreffend (Ges. u. Verordn.-Bl. 1878, S. 435).

Braunschweig.

1. Beeidigung. Maßgebend ist das Gesetz vom 28. März 1904 (Ges. u. Verordn.-S.[1]) Nr. 27) und die Bekanntmachung vom 9. Juli 1904 (Ges. u. V. S. Nr. 46) betreffend Ausführungsbestimmungen zu vorstehendem Gesetz.

Das Gesetz lautet:

„§ 86a. Sachverständige einschließlich der Dolmetscher für gerichtliche Angelegenheiten im allgemeinen zu beeidigen, ist Sache der Justizverwaltung, die erforderlichen Ausführungsbestimmungen trifft Herzogl. Staatsministerium, Abt. der Justiz.

Unberührt bleiben die Bestimmungen der Reichsgesetze und der sonstigen Landesgesetze."

Aus den Ausführungsbestimmungen sei folgendes wiedergegeben:

Die Auswahl der als Sachverständige zu beeidigenden Personen geschieht durch den Präsidenten des Herzogl. Landgerichts Braunschweig für den ganzen Bezirk des Herzogtums. Die Auswahl von Sachverständigen für Schätzungen und Begutachtungen in landwirtschaftlichen Angelegenheiten, falls zu deren Beurteilung besondere Kenntnis der örtlichen Verhältnisse erforderlich ist, liegt den Vorständen der Herzogl. Amtsgerichte ob.

2. Gebühren. Besondere Bestimmungen bestehen nicht.

---

[1]) Verlag der Herzogl. Waisenhaus-Buchdruckerei, Braunschweig.

Bremen.

Allgemeine und veröffentlichte Bestimmungen über die Beeidigung gerichtlicher Sachverständiger, sowie über die Handhabung der GebOrdng. f. Z. u. S. bestehen nicht. Es wird von Fall zu Fall geprüft, ob ein Bedürfnis zur Beeidigung vorliegt, und ob die Persönlichkeit geeignet ist. Die Beeidigung wird von der Justizkommission des Senates beschlossen, und vor ihr wird der Eid geleistet.

Elsaß-Lothringen.

1. Beeidigung. Maßgebend sind die Kaiserliche Verordnung vom 6. Jan. 1902 (GesBl. f. E.-L. 1902, S. 1) und die Ministerialverfügungen vom 2. Mai 1902 sowie vom 19. Juni 1909 (Zentral- u. Bez.-Amtsblatt 1902, Nr. 20, S. 165 und 1909, Nr. 26, S. 57). In der letztgenannten Verfügung bestimmt:

§ 1. „Die öffentliche Bestellung von ständigen Dispacheuren (§ 87 des Gesetzes betr. die privatrechtlichen Verhältnisse der Binnenschiffahrt (RGBl. 1898, S. 868), sowie von Sachverständigen zur Vornahme der im § 438 des Handelsgesetzbuchs, im § 83 der Eisenbahnverkehrsordnung (RGBl. 1909, S. 93) und im § 61 des Binnenschiffahrtsgesetzes bezeichneten Feststellungen erfolgt für den Bezirk eines jeden Landgerichts durch den Landgerichtspräsidenten. Mit Genehmigung des Oberlandesgerichtspräsidenten kann der Landgerichtspräsident den Sachverständigen zugleich für den Bezirk anderer Landgerichte bestellen.

Die durch § 36 der GewO. zugelassene öffentliche Bestellung von Bücherrevisoren sowie von Sachverständigen, welche den Feingehalt edler Metalle oder die Beschaffenheit, Menge oder richtige Verpackung von Waren irgendwelcher Art feststellen, erfolgt für den Bereich des Landes durch den Präsidenten des Landgerichts, in dessen Bezirke der Sachverständige seinen Wohnsitz hat."

In § 3/4 wird bestimmt, daß die Beeidigung von Sachverständigen im allgemeinen für gerichtliche Angelegenheiten durch den Landgerichtspräsidenten zu erfolgen hat, und zwar in der Regel für die Gerichte im Bezirk des Landgerichts.

2. Gebühren. Maßgebend ist die Ministerialverfügung vom 23. Febr. 1887 betreffend Einführung eines Tarifs für

die GebOrdng. f. Z. u. S. (Sammlg. d. Ges. usw. 1888, S. 18). Eine neuere Verfügung besteht nicht.

Hamburg.

1. Beeidigung. Die Bestimmungen sind enthalten in § 34 des Gesetzes über die Angelegenheiten der freiwilligen Gerichtsbarkeit vom 29. Dez. 1899 (Hambg. GesSammlg. 1899, S. I. 246). Danach sind die Amtsgerichte befugt, auch außerhalb eines bei ihnen anhängigen Verfahrens für einzelne Angelegenheiten auf Antrag der Beteiligten Sachverständige zu bestellen und zu beeidigen.

2. Gebühren. Das Gesetz betr. Ausführung des Gerichtskostengesetzes und der GebOrdng. für Gerichtsvollzieher und für Zeugen und Sachverständige vom 14. Juli 1879 (Hamb. Ges.S. 1879, S. I 179) bestimmt in § 11, daß die GebOrdng. f. Z. u. S. v. J. 1878 auf gerichtliche Angelegenheiten Anwendung findet, die durch die ZPO., die StrPO. und die Konkursordnung nicht betroffen werden.

Von bestehenden Taxvorschriften seien erwähnt die Mäklergebühren der Handelskammer v. 21. Mai 1897 (Hamb. GesS. 1897, S. II. 59).

Hessen.

1. Beeidigung. Artikel 3 des Gesetzes, die Ausführung des Gesetzes über die Angelegenheiten der freiwilligen Gerichtsbarkeit betreffend, vom 18. Juli 1899 (Hess. Reg.-Bl. 1899, S. 287) bestimmt:

„Die Vorschriften der §§ 2 bis 34 des Gesetzes über die Angelegenheiten der freiwilligen Gerichtsbarkeit, mit Ausnahme des § 19 Abs. 2, des § 28, Abs. 2, 3 und des § 30, Abs. 2 finden auf diejenigen Angelegenheiten der freiwilligen Gerichtsbarkeit, welche durch Landesgesetz den Gerichten übertragen sind, nach Maßgabe der Artikel 4 bis 12 entsprechende Anwendung.“

Laut Verfügung des Justizministeriums vom 17. Nov. 1908 Nr. J. M. 15389 betreffend die allgemeine Beeidigung von Sachverständigen für gerichtliche Angelegenheiten sowie die eidliche Verpflichtung von Privatbeamten und Bücherrevisoren bestimmt, daß die Auswahl der im allgemeinen zu beeidigenden Sachverständigen durch das Justizministerium nach Prüfung der Bedürfnisfrage zu erfolgen hat. Die Beeidigung erfolgt für die von allen Gerichten des Großherzogtums zu fordernden Gutachten, in Einzelfällen aber auch für einen engeren Bezirk. Die Beeidigung selbst nimmt das Amtsgericht am Wohnsitz des Sachverständigen vor.

Bei eidlicher Verpflichtung von Privatbeamten wird dem Dienst- oder Geschäftsherrn des Verpflichteten eine beglaubigte Abschrift des Protokolls der Verpflichtung zugestellt.

2. Gebühren. Der Artikel 105 des Gesetzes, die Gerichtskosten betreffend, vom 30. Dez. 1904 (Hess. Reg.-Bl. 1904, S. 436), bestimmt:

„Die Deutsche Gebührenordnung für Zeugen und Sachverständige findet auch in gerichtlichen Angelegenheiten Anwendung, für welche die Vorschriften der §§ 401, 413 der ZPO. und der §§ 70, 84 der StrPO. nicht gelten."

Lippe.

1. Beeidigung. Die Bestimmungen sind enthalten in der allgemeinen Verfügung des Staatsministeriums vom 27. März 1912 auf Grund des Gesetzes zur Ausführung des Gerichtsverfassungsgesetzes vom 9. Febr. 1898/27. März 1912 (Ges.-Samml. 1912, S. 681/82. Hiernach erfolgt die Auswahl der als Sachverständige im allgemeinen zu beeidigenden Personen für gerichtliche Angelegenheiten durch den Landgerichtspräsidenten, für verwaltungsgerichtliche Angelegenheiten durch den Vorsitzenden des Oberverwaltungsgerichts. Die Beeidigung erfolgt in der Regel für alle Gerichte des Landes.

2. Gebühren. Besondere Bestimmungen bestehen nur für die Tätigkeit der Ärzte vor Gericht; sie sind enthalten in einem besonderen Gesetz vom 14. April 1905 (Ges.-Samml. 1905, S. 169).

Lübeck.

1. Beeidigung. Maßgebend ist das Gesetz vom 21. Dez. 1887, betreffend die Anstellung von Sachverständigen und Auktionatoren. Die Anstellung besorgt das Stadt- und das Landamt auf Vorschlag der Handelskammer oder der Gewerbekammer. Es kommen hauptsächlich folgende Sachverständige in Frage:

a) für Handelsangelegenheiten, insbesondere zur Feststellung und Begutachtung der Art, Beschaffenheit, Menge und des Wertes von Waren und Wertpapieren, der an Waren entstandenen Schäden und der Führung von Handelsbüchern;

b) für Schiffahrtsangelegenheiten, insbesondere zur Feststellung und Begutachtung der Beschaffenheit und des Wertes von Schiffen und Schiffsgeräten, der an Schiff und Zubehör entstandenen Schäden, der Garnierung und Stauung von Gütern, der Entfernung von Seeplätzen behufs Ermittelung der Distanzfrachten;

c) für gewerbliche Angelegenheiten, insbesondere zur Feststellung und Begutachtung der Beschaffenheit, des Umfanges und des Wertes gewerblicher Leistungen und Erzeugnisse;

d) zur Feststellung und Begutachtung des Wertes von Grundstücken und von anderen, als den unter Nr. 1 bis 3 erwähnten beweglichen Gegenständen.

2. Gebühren. Der Gebührentarif für die oben genannten Klassen von Sachverständigen ist festgestellt durch Gesetz vom 5. Febr. 1902 mit Nachträgen vom 10. Dez. 1904 und vom 4. Nov. 1905 (Gesetzsamml. Nr. 9, 97 u. 100) und enthält auch Pauschalsätze für die Abgabe von Gutachten. Die übrigen Sachverständigen werden nach der Reichsgebührenordnung entschädigt.

Nach einer Verfügung des Senates fließen die den lübeckischen Staatsbeamten für ihre Tätigkeit als Sachverständige nach der Reichsgebührenordnung zustehenden Gebühren, soweit sie in bei lübeckischen Gerichten anhängigen Strafsachen mit Ausnahme der Privatklagesachen erwachsen, in die Staatskasse. Die Gebühren in Privatklage- und Zivilsachen werden den Beamten gezahlt; sie haben solche jedoch, soweit sie rechtlich oder tatsächlich der lübeckischen Staatskasse zur Last fallen, an diese zurückzuzahlen.

Mecklenburg-Schwerin.

1. Beeidigung. Nach § 72 der Verordnung vom 9. Apr. 1899 zur Ausführung des Gesetzes über die Angelegenheiten der freiwilligen Gerichtsbarkeit (RegBl. f. Meckl.-Schw. 1899, S. 227 ff.) kann das Justizministerium Sachverständige ernennen, welche, soweit nicht ein anderes bestimmt ist, bei der gerichtlichen Feststellung des Zustandes oder des Wertes einer Sache zuzuziehen sind. Die Ernennung kann auf die Bezirke einzelner Gerichte beschränkt werden. Der Sachverständige ist nach der Ernennung

von dem Amtsgericht, in dessen Bezirk er seinen Wohnsitz hat, für die Erstattung der Gutachten im allgemeinen zu beeidigen.

Das Justizministerium kann auch die Grundsätze bestimmen, nach denen die Sachverständigen die Feststellung vorzunehmen haben, sowie das bei der Feststellung zu beobachtende Verfahren regeln.

Ferner können nach § 67 derselben Verordnung die Amtsgerichte und die Magistrate der Seestädte Dispacheure bestellen, die von den Amtsgerichten ihres Bezirks zu beeidigen sind.

Nach §§ 2/3 der Verordnung vom 9. Apr. 1899 (RegBl. 1899, S. 283 ff.) können die Magistrate für das Gebiet ihrer Städte, im übrigen das Großherzogl. Ministerium des Innern für die Feststellung des Marktpreises von Waren sowie des Zustandes, der Menge oder des Wertes von Waren Mäkler öffentlich bestellen, deren Beeidigung durch das Amtsgericht ihres Wohnsitzes erfolgt. Sie führen einen amtlichen Stempel.

2. Gebühren. Nach § 140 der Gerichtskostenordnung vom 18. Dez. 1899 (RegBl. 1899, S. 917 ff.) findet die GebO. f. Z. u. S. entsprechende Anwendung bei Vernehmung von Sachverständigen durch Gerichte oder sonstige Behörden.

Mecklenburg-Strelitz.

1. Beeidigung. Nach § 67 der Verordnung zur Ausführung des Gesetzes über die Angelegenheiten der freiwilligen Gerichtsbarkeit vom 9. April 1899 (Offiz. Anzeiger 1899, S. 237 ff.) erfolgt die Ernennung von Sachverständigen durch die Landesregierung, die Beeidigung durch das Amtsgericht am Wohnort des Sachverständigen.

2. Gebühren. Nach der Verfügung vom 13. Okt. 1914 (Offiz. Anz. 1914, S. 636) ist die neue GebOrdng. f. Z. u. S. vom Jahre 1914 maßgebend.

Oldenburg.

1. Beeidigung. Besondere Bestimmungen bestehen nicht.

2. Gebühren. Neben der Gebührenordnung f. Z. u. S. kommen in Betracht die Bekanntmachungen des Staatsministeriums vom 17. Aug. 1900 betreffend die Bezüge der Medizinalbeamten und Ärzte in gerichtlichen und polizeilichen Fällen

(Gesetzbl. Bd. 33, S. 697) und die Vergütungen der beamteten und praktischen Tierärzte (Gesetzbl. Bd. 33, S. 700).

Preußen.

Bestimmungen siehe auf S. 36 ff.

Reuß ältere Linie.

1. Beeidigung. Nach § 4 des Gesetzes vom 27. Okt. 1899 zur Ausführung des Reichsgesetzes über die Angelegenheiten der freiwilligen Gerichtsbarkeit vom 17. Mai 1898 sind die Amtsgerichte zur Abnahme von Eiden und zur Beeidigung der außerhalb eines behördlichen Verfahrens vernommenen Sachverständigen nur dann befugt, wenn die Eidesabnahme oder die Beeidigung nach einer außerhalb des Deutschen Reiches geltenden Vorschrift oder nach Bestimmung einer nichtdeutschen öffentlichen Behörde vorzunehmen ist und nach dem einschlägigen, auswärtigen Rechte vor Gericht oder vor einem Notar vorgenommen werden kann.

Das Amtsgericht kann aber für eine einzelne Angelegenheit einen Sachverständigen auch dann beeidigen, wenn alle bei dieser Angelegenheit beteiligten Personen dies beantragen, und die Beeidigung nach dem Ermessen des Gerichts angemessen erscheint.

2. Gebühren. Nach § 163 des Gerichtskostengesetzes vom 17. Nov. 1899 ist die GebO. f. Z. u. S. maßgebend, soweit nicht Taxvorschriften für gewisse Klassen von Sachverständigen bestehen.

Reuß j. L.

1. Beeidigung. Das Ausführungsgesetz vom 22. Febr. 1879 (Gesetzsamml. Bd. 19, S. 3) zum Deutschen Gerichtsverfassungsgesetz, enthält in den durch das Ausführungsgesetz vom 10. Aug. 1899 (Gesetzsamml. Bd. 23, S. 74) zum Bürgerlichen Gesetzbuch eingeschalteten §§ 45a/c die Bestimmung, daß die Vorstände der Gerichte befugt sind, Sachverständige öffentlich zu bestellen und im allgemeinen zu beeidigen. Die Bestellung hat Wirksamkeit für den Geschäftsbereich des betreffenden Gerichts sowie der ihm nachgeordneten Gerichte des Fürstentums.

2. Gebühren. Die Handhabung der Gebührenordnung f. Z. u. S. vom 10. Juni 1914 mit bezug auf die Frage der Er-

werbsversäumnis ist geregelt durch die Verfügung vom 6. Okt. 1914 (Nr. 2917 III.).

Sachsen (Königreich).

1. Beeidigung. Bestimmungen sind enthalten im Gesetze vom 1. März 1879, § 31, in der Fassung des Gesetzes zur Ausführung einiger mit dem Bürgerlichen Gesetzbuche zusammenhängender Reichsgesetze, vom 15. Juni 1900, § 132 II (Ges.- u. Verordn.Bl. S. 296), in der Verordnung, die Feststellung des Wertes von Grundstücken zum Zwecke mündelmäßiger Beleihung betreffend, vom 12. Dez. 1900, §§ 2/5 (GVBl. S. 952), in der Verordnung, die zur amtlichen Feststellung des Wertes von Grundstücken bestellten Sachverständigen betreffend, vom 26. März 1907 (GVBl. S. 90), in der Verordnung, die Bezeichnung der gerichtlichen Sachverständigen bei Grundstücksschätzungen betreffend, vom 27. März 1907 (JustMinBl. S. 29), und in der „Geschäftsordnung für die Kgl. Sächsischen Justizbehörden"[1]. §§ 172/185 (betr. Gerichtsärzte) sowie in §§ 384/392 (betr. Verkehr mit Sachverständigen).

Außer den „Sachverständigenkammern für Werke der Literatur und Tonkunst" zu Leipzig, der Kammer für Werke der bildenden Künste, und der Kammer für Werke der Photographie, beide in Dresden[2]), kann auch der gewerbliche Sachverständigenverein in Dresden zur Abgabe von Gutachten gegen Honorar herangezogen werden.

Die Auswahl von Personen, die als Sachverständige im allgemeinen beeidigt werden sollen, steht den Vorständen aller Gerichte zu. Das Justizministerium behält sich vor, Sachverständige für eine Mehrzahl von Gerichten beeidigen zu lassen.

2. Gebühren. Vorschriften über die den Sachverständigen zu gewährenden Gebühren enthalten die §§ 182/185 (Gerichtsärzte) 393, 395/400, 403 und 1211 der oben erwähnten Geschäftsordnung, die durch Verordnungen vom 19. Mai 1903 (JustMinBl. S. 41), vom 16. Dez. 1903 (JustMinBl. S. 103), vom 12. Juli 1904 (JustMinBl. S. 46), vom 13. Juli 1904 (JustMinBl. S. 47), vom 24. Dez. 1906 (JustMinBl. S. 127), vom 24. Okt. 1907 (JustMinBl. S. 68), vom 25. Jan. 1910 (JustMinBl. S. 5, 6

[1]) **Ausgabe vom Jahre 1903. Verlag von C. Heinrich, Dresden.**
[2]) Vgl. die Bestimmungen auf S. 9.

u. 11), vom 14. März 1910 (JustMinBl. S. 57), vom 2. Nov. 1911 (JustMinBl. S. 108), vom 27. Juni 1913 (JustMinBl. S. 73), und vom 24. Sept. 1914 (JustMinBl. S. 122), Abänderungen und Ergänzungen erfahren haben.

Weiter bestehen eine Anzahl Taxvorschriften (§ 13 der GebO. f. Z. u. S.), die in § 402, Nr. 1 der obigen Geschäftsordnung aufgeführt sind.

An besonderen Taxvorschriften wird verwiesen auf die Gebührenordnung für Ärzte, Chemiker, Pharmazeuten und Hebammen (Verordn. vom 19. März 1900, GVBl. S. 231 ff.). Die Gebühren der Gerichtsärzte usw. sind enthalten in § 181/186 der erwähnten Geschäftsordnung. Für Tierärzte gilt die GebO. vom 1. März 1882 (GVBl. S. 49), für Feldmesser die Taxordnung vom 1. Okt. 1892 (GVBl. S. 403) nebst Bekanntmachung vom 9. März 1893 (GVBl. S. 108), für Markscheider die Verordnung vom 9. März 1893 (GVBl. S. 83).

Sachsen-Altenburg.

1. Beeidigung. Vorschriften über die allgemeine Beeidigung von Sachverständigen bestehen nur für die Ortsgerichtspersonen (Sachverständige für Begutachtungen in Angelegenheiten, die keine besondere Fachkenntnis erfordern, auf dem platten Lande auch für landwirtschaftliche Angelegenheiten) und für Forst- und Forstschutzbeamte. Sie sind enthalten in § 78 des Ausführungsgesetzes zum Reichsgesetz über die Angelegenheiten der freiwilligen Gerichtsbarkeit vom 4. Mai 1889 in Verbindung mit § 5 der Schiedsmannsordnung vom 19. Apr. 1879 und in § 3 des Gesetzes, die Forst- und Feldrügesachen betreffend, vom 29. März 1879 (Altenburger Gesetzsamml. 1899, S. 96, 1879, S. 109 u. 98).

2. Gebühren. Für die Gebühren der Sachverständigen kommen §§ 110, 115 und 116 der Kostenordnung für die Gerichte (Gesetzsamml. 1911, S. 83, 84) in Betracht. Von der Ermächtigung aus § 110, für gewisse Arten von Sachverständigen besondere Taxvorschriften zu erlassen, hat das Herzogliche Gesamtministerium bisher nur Gebrauch gemacht für Grundstücksschätzungen der Ortsgerichtspersonen in einem Amtsgerichtsbezirk. Für die Gerichtsärzte gilt noch heute die Gebührentaxe vom 17. Juli 1841 mit den Abänderungen der Höchsten Verordnung vom

26. Aug. 1875 und der Verordnung des Herzoglichen Gesamtministeriums vom 13. März 1908 (Gesetzsamml. 1842, S. 25, 1875, S. 108, 1908, S. 28).

Sachsen-Coburg und -Gotha.

Die Justizangelegenheiten beider Herzogtümer werden vom Staatsministerium in Gotha bearbeitet.

1. Beeidigung. Nach § 44 des Ausführungsgesetzes zum Deutschen Gerichtsverfassungsgesetz in der Fassung vom 23. Okt. 1899 (Gesetzsamml.[1]) 1899, Nr. 619, S. 73) ist die Landesjustizverwaltung zuständig, Sachverständige ein für allemal zu beeidigen, sie kann auch die ihr nachgeordneten Behörden mit der Beeidigung beauftragen.

2. Gebühren. Nach § 14 des Ausführungsgesetzes vom 7. April 1879 zur Gebührenordnung f. Z. u. S. (Gesetzsamml. 1879, Nr. 380, S. 138) findet diese Anwendung auf gerichtliche Angelegenheiten, die durch die deutschen Prozeßordnungen nicht betroffen werden.

Sachsen-Meiningen.

1. Beeidigung. Sonderbestimmungen bestehen nicht.

2. Gebühren. Sonderbestimmungen bestehen nicht. Im Anschluß an das Reichsgesetz vom 10. Juni 1914 betreffend GebO. f. Z. u. S. hat das Herzogliche Staatsministerium, Abteilung der Justiz, unterm 30. Sept. 1914 eine allgemeine Verfügung erlassen, welche sich lediglich auf die Frage der Erwerbsversäumnis bezieht.

Sachsen-Weimar.

1. Beeidigung. Die Bestimmungen sind enthalten in den §§ 40a/c des Gesetzes vom 20. März 1879 zur Ausführung des Deutschen Gerichtsverfassungsgesetzes vom 27. Jan. 1877/29. März 1899 (RegBl. 1899, S. 109).

Hiernach sind die Vorstände der Gerichte befugt, für bestimmte Arten von Gutachten Sachverständige öffentlich zu bestellen und im allgemeinen zu beeidigen. Die Bestellung hat

---

[1]) Verlag der Engelhard-Reyherschen Hofbuchdruckerei, Gotha.

Wirksamkeit für den Geschäftsbereich des betreffenden Gerichts und der ihm nachgeordneten Gerichte des Großherzogtums.

Die Bestellung wird im amtlichen Nachrichtenblatt bekannt gemacht.

2. Gebühren. Vorschriften finden sich in § 220 des Gerichtskostengesetzes für das Großherzogtum Sachsen vom 25. Aug. 1909 (RegBl. 1909, S. 477) und in den §§ 21, 22 und 136/138 des Gesetzes über das Kostenwesen in Gerichts- und Verwaltungssachen vom 28. Febr. 1900 (RegBl. 1900, S. 275 ff.). Danach ist die GebO. f. Z. u. S. maßgebend, soweit nicht besondere Taxvorschriften bestehen. Besondere Taxvorschriften bestehen nach §§ 114/115 desselben Gesetzes für die Medizinalbeamten sowie für nichtbeamtete Ärzte und Tierärzte. § 138 enthält die Gebühren für Rechnungssachverständige, § 139 die für Ortstaxatoren und § 140 die der Würderungsgewerke in Angelegenheiten der Gebäudebrandversicherung.

Schaumburg-Lippe.

Besondere Bestimmungen bestehen nicht. Die Beeidigung erfolgt von Fall zu Fall.

Schwarzburg-Rudolstadt.

1. Beeidigung. Besondere Bestimmungen bestehen nicht. Die Auswahl und Beeidigung der im allgemeinen zu beeidigenden Sachverständigen erfolgt durch den Landgerichtspräsidenten. Die Beeidigung der nicht im Bezirk des Amtsgerichts Rudolstadt wohnenden Sachverständigen wird in der Regel dem zuständigen Amtsgericht übertragen.

Über die Errichtung von Sachverständigenkammern für Werke der Literatur und Tonkunst sowie der bildenden Künste und Photographie haben die Staatsregierungen von Schw.-Rudolstadt, Schw.-Sondershausen, Sachsen-Weimar, Sachsen-Coburg-Gotha und beider Reuß Vereinbarungen abgeschlossen[1]).

2. Gebühren. Nach § 19 des Ausführungsgesetzes vom 8. August 1879 zum Gerichtskostengesetz ist die GebO. f. Z. u. S. maßgebend, soweit nicht besondere Gebührensätze bestehen. Solche besonderen Gebührenverordnungen bestehen u. a. für die Ärzte, Zahnärzte und Tierärzte laut Ministerialverfügung vom

[1]) Vgl. die Bestimmungen auf S. 9.

17. Juni 1898 (GesetzS. 1898, S. 69/88), für die Ortsschätzer laut Gesetz vom 19. Nov. 1901 (GesS. 1901, S. 137/141) für Sachverständige zur Prüfung von Kraftfahrzeugen laut Ministerialverfügung vom 22. Jan. 1907 (GesS. 1907, S. 9/10), für Bausachverständige laut Bauordnung, § 91, vom 4. März 1913.

Schwarzburg-Sondershausen.

1. Beeidigung. Der § 2 des Ausführungsgesetzes zum Reichsgesetz über die Angelegenheiten der freiwilligen Gerichtsbarkeit vom 29. Juli 1899 (Gesetzsamml. 1899[1]), S. 87 ff.) bestimmt, daß die Amtsgerichte für die allgemeine Beeidigung zuständig sind.

2. Gebühren. Nach § 131 des Landes-Gerichtskostengesetzes vom 12. Jan. 1900 (Gesetzsamml.[1]) 1900, S. 47) gilt die GebO. f. Z. u. S.

Waldeck und Pyrmont.

Es gelten die in Preußen erlassenen Bestimmungen.

Württemberg.

1. Beeidigung. Die württembergischen Bestimmungen über die allgemeine Beeidigung von Sachverständigen für gerichtliche Angelegenheiten sind enthalten in der hierüber ergangenen Verfügung des Justizministeriums vom 1. Dez. 1904 (Amtsblatt des Kgl. Württ. Justizmin. 1904, Nr. 9, S. 82 ff.).

Bemerkenswert erscheinen folgende Bestimmungen:

„**§ 1.** Die Auswahl und die Beeidigung derjenigen Personen, welche als Sachverständige für gerichtliche Angelegenheiten im allgemeinen beeidigt werden sollen, steht den für den Wohnort des betreffenden Sachverständigen zuständigen dienstaufsichtführenden Amtsrichtern zu.

Die Auswahl und Beeidigung kann von Amts wegen, auf Antrag der Staatsanwaltschaft, im Auftrag der höheren Gerichte und des Justizministeriums, wie auch auf Antrag des betreffenden Sachverständigen selbst erfolgen. Vor der Auswahl und Beeidigung hat der Gerichtsvorstand nötigenfalls Erkundigungen über die Sachkunde und Zuverlässigkeit des zu Beeidigenden einzuziehen. Besteht für die Angelegenheiten, für welche die Be-

[1]) Verlag von Fr. Aug. Eupen in Sondershausen.

eidigung erfolgen soll, eine staatlich geordnete Vertretung (Handelskammer, Handwerkskammer u. dgl.) oder eine freie Vereinigung der Interessenten, so können diese Vertretungen oder Vereinigungen gehört oder um Vorschläge angegangen werden.

Unmittelbare Staatsbeamte dürfen nur mit Genehmigung ihrer vorgesetzten Dienstbehörde als Sachverständige im allgemeinen beeidigt werden.

§ **3.** Die nach vorstehenden Bestimmungen vorgenommene allgemeine Beeidigung ist für sämtliche württembergischen Gerichte wirksam."

2. Gebühren. Ausführungsbestimmungen zur GebO. f. Z. u. S. vom 30. Juni 1878/20. Mai 1898 sind enthalten in der württembergischen Kassenordnung für die Gerichte vom 10. März 1913, veröffentlicht im „Amtsblatt" 1913, S. 21 ff., mit Änderungen vom 24. Sept. 1914, veröffentlicht im „Amtsblatt" 1914, S. 256 ff. Es handelt sich insbesondere um die §§ 88/91, 137, 138, 156/158, 279, 479, 482.

In dieser Kassenordnung wird u. a. auf bestehende Taxvorschriften Bezug genommen, z. B. auf solche für Ärzte, Zahnärzte, Tierärzte, technische Beamte, Feldmesser, Chemiker und Weinsachverständige. Für die chemische und insbesondere Nahrungsmitteluntersuchung sind Pauschalgebühren angegeben.

IV. Anhang.

Im nachstehenden Abschnitt sind noch einige Bestimmungen von Handels-, Handwerks- und Gewerbekammern abgedruckt, welche als typische Muster derartiger Bestimmungen zur Vervollständigung dieser Sammlung dienen mögen.

1. Vorschriften über Anstellung und Tätigkeit der von der Handelskammer zu Berlin öffentlich anzustellenden Sachverständigen.

(Beschlossen am 7. Juni 1912.)

§ 1. Die öffentliche Anstellung und Beeidigung eines Sachverständigen erfolgt durch die Handelskammer zu Berlin für ihren Bezirk auf jederzeitigen Widerruf und nur für die Zeit, während welcher er seinen Wohnsitz in dem Bezirk der Kammer hat[1]).

Der angestellte Sachverständige hat der Handelskammer unverzüglich von jeder Änderung seiner Wohnung oder seines Geschäftslokals Kenntnis zu geben.

§ 2. Vor der Anstellung ist die Bedürfnisfrage sowie die Befähigung, Sachkenntnis und Würdigkeit des Bewerbers zu prüfen.

---

[1]) Hat der Sachverständige seinen Wohnsitz in einem der Vororte Berlins, der nicht zum Bezirke der Handelskammer zu Berlin gehört, so wird der Vorschrift des § 1 dadurch genügt, daß er ein ständiges Geschäftslokal im Bezirk der Handelskammer unterhält.

Hat der Sachverständige seinen Wohnsitz oder ein ständiges Geschäftslokal in einem Orte, der zum Bezirk der Potsdamer Handelskammer, Sitz Berlin, gehört, so kommt, wenn er auch von letzterer Kammer angestellt ist, das Erfordernis des Wohnsitzes oder ständigen Geschäftslokals in dem Bezirk der Handelskammer zu Berlin in Fortfall.

Ein Antrag kann ohne Angabe von Gründen abgelehnt werden.

§ 3. Der Sachverständige hat, nachdem er sich schriftlich mit diesen Vorschriften einverstanden erklärt hat, einen Eid vor der Handelskammer abzulegen. Die Eidesnorm geht dahin, daß der Sachverständige die bestehenden Vorschriften getreulich beobachten und die ihm obliegenden Pflichten gewissenhaft erfüllen, sowie auch die von ihm in seiner Eigenschaft als öffentlich angestellter Sachverständiger erforderten Gutachten unparteiisch und nach bestem Wissen und Gewissen erstatten werde.

§ 4. Der Sachverständige erhält nach geschehener Anstellung eine Bestallungsurkunde, welcher die bestehenden Vorschriften für Sachverständige beigedruckt sind.

Diese hat er seinen Auftraggebern auf Verlangen vorzulegen.

Die Bestallungsurkunde ist der Handelskammer unverzüglich zurückzugeben, sobald der Sachverständige stirbt, sein Amt freiwillig niederlegt, aus dem Kammerbezirk verzieht[1]) oder aus der Liste der Sachverständigen gestrichen wird.

§ 5. Der Sachverständige führt ein Siegel, welches seinen Namen mit dem Zusatz enthält: „Öffentlich angestellter beeidigter Sachverständiger für . . . . im Bezirk der Handelskammer zu Berlin.“ Es ist dem Sachverständigen, sofern er nicht auch vom Gericht ein für allemal vereidigt ist, untersagt, eine Bezeichnung zu führen, aus welcher auf die Eigenschaft eines gerichtlichen Sachverständigen geschlossen werden könnte.

§ 6. Die Löschung erfolgt außer im Falle des Todes des Sachverständigen:

1. wenn er sein Amt freiwillig niederlegt,
2. wenn er seinen Wohnsitz außerhalb des Bezirkes der Handelskammer nimmt,
3. nach erfolgtem Widerruf der Anstellung.

§ 7. Beschwerden über Sachverständige sind an die Handelskammer zu richten. Diese prüft sie und macht gegebenenfalls von dem Recht des Widerrufs der Anstellung Gebrauch.

§ 8. Die Anstellung und die Löschung werden in den „Mitteilungen der Handelskammer“ bekanntgemacht[2]). Eine Liste der

---

[1]) Vgl. die Fußnote auf S. 68.
[2]) Vgl. die Fußnote 1 auf S. 29.

angestellten Sachverständigen liegt im Bureau der Handelskammer zur Einsicht des Publikums aus.

§ **9.** Der Sachverständige darf seine Tätigkeit nur dann ausüben, wenn er selbst kein unmittelbares oder mittelbares Interesse an der Sache hat.

§ **10.** Jede Begutachtung ist nach Maßgabe und unter Berücksichtigung des Zweckes des erteilten Auftrages nach bestem Wissen und Gewissen vorzunehmen.

§ **11.** Es ist dem Sachverständigen untersagt, die bei Ausübung seiner Tätigkeit erlangten Kenntnisse zu seinem Vorteile oder anderer Nutzen oder Schaden zu verwerten oder Dritten unbefugt Mitteilung davon zu machen.

§ **12.** Über Fälle, in denen Sachverständige gegen die vorstehenden Vorschriften verstoßen, entscheidet die Handelskammer zu Berlin endgültig.

2. Vorschriften für die von der Handelskammer zu Berlin beeidigten und öffentlich angestellten Handelschemiker[1]).

(Beschlossen am 29. Mai 1908.)

§ **1.** Die Beeidigung und öffentliche Anstellung selbständiger Chemiker, welche die Beschaffenheit, den Reingehalt oder Nutzwert von Handelswaren irgendwelcher Art gewerbsmäßig feststellen, erfolgt für den Bezirk der Handelskammer zu Berlin durch die Handelskammer.

Die Anstellung gilt nur für die Zeit, in welcher der beeidigte und öffentlich angestellte Chemiker den Sitz seiner die Anstellung begründenden Tätigkeit ausschließlich im Bezirk der Handelskammer zu Berlin hat[2]).

---

[1]) Diese Vorschriften sind inhaltlich von einer großen Anzahl von Handelskammern in Deutschland angenommen worden (vgl. Handel und Gewerbe, Bd. 7, 1900, S. 527).

Auch die für Baden geltenden Vorschriften vom 1. Dez. 1911 sind gleichlautende; die Beeidigung erfolgt hier indessen durch das Bezirksamt (vgl. S. 29).

[2]) Hat der Handelschemiker seinen Wohnsitz oder ein ständiges Geschäftslokal in einem Orte, der zum Bezirk der Potsdamer Handelskammer, Sitz Berlin, gehört, so kommt, wenn er auch von letzterer Kammer angestellt ist, das Erfordernis des Wohnsitzes oder ständigen Geschäftslokals in dem Bezirk der Handelskammer zu Berlin in Fortfall.

§ 2. Voraussetzung für die Beeidigung und öffentliche Anstellung als Handelschemiker bildet der Nachweis:

1. daß der Antragsteller deutscher Reichsangehöriger ist;
2. daß er den Befähigungsausweis eines deutschen Bundesstaates für die Untersuchung von Nahrungsmitteln, Genußmitteln und Gebrauchsgegenständen besitzt;
3. daß sein Laboratorium die zur Ausführung der Untersuchung von Handelswaren erforderliche und dem Stande der chemischen Wissenschaft entsprechende Einrichtung besitzt und in dem Bezirke der Handelskammer zu Berlin gelegen ist.

Die Handelskammer zu Berlin ist befugt, sich über diesen Punkt durch einen von ihr zu ernennenden Sachverständigen oder in sonst geeigneter Weise zu überzeugen.

§ 3. Die Vereidigung erfolgt durch Leistung des folgenden Eides:

„Ich .... schwöre bei Gott dem Allmächtigen und Allwissenden, daß ich als öffentlich angestellter Handelschemiker die bestehenden Vorschriften getreulich beobachten und die mir obliegenden Pflichten gewissenhaft erfüllen, sowie auch die von mir in meiner Eigenschaft als öffentlich angestellter Handelschemiker erforderten Gutachten unparteiisch und nach bestem Wissen und Gewissen erstatten werde. So wahr mir Gott helfe."

§ 4. Die Handelskammer zu Berlin gibt die Beeidigung in geeigneter Weise bekannt und legt eine Liste der beeidigten Chemiker zu jedermanns Einsicht in ihren Geschäftsräumen auf. Über die Beeidigung wird dem Chemiker eine Urkunde ausgefertigt.

§ 5. Die von der Handelskammer zu Berlin beeidigten und öffentlich angestellten Chemiker führen ein Siegel, welches den Namen des Handelschemikers mit der Umschrift: „Beeidigter Handelschemiker im Bezirk der Handelskammer zu Berlin" enthält. Sie haben sich desselben bei der Siegelung von Proben und bei Stempelung ihrer Prüfungszeugnisse und Gutachten zu bedienen. Es ist dem Handelschemiker, sofern er nicht auch vom Gericht ein für allemal vereidigt ist, untersagt, eine Bezeichnung zu führen, aus welcher auf die Eigenschaft eines gerichtlichen Sachverständigen geschlossen werden könnte.

§ **6.** Die Kosten, die durch die Beeidigung und die öffentliche Anstellung erwachsen, sind vom Antragsteller zu erstatten.

§ **7.** Die Löschung in der Liste (§ 4) erfolgt:

1. auf Antrag oder im Todesfalle des beeidigten und öffentlich angestellten Chemikers;
2. wenn er den Sitz seiner die öffentliche Anstellung begründenden Tätigkeit aus dem Bezirke der Handelskammer zu Berlin wegverlegt;
3. wenn von der zuständigen Behörde auf Grund eines ordentlichen Verfahrens rechtskräftig auf Zurücknahme der Bestallung erkannt worden ist.

Im Falle der Löschung ist die Anstellungsurkunde zurückzugeben.

Löschungen in der Liste werden in derselben Weise wie Eintragungen bekanntgemacht.

§ **8.** Die Eintragungen und Löschungen in der Liste sind von der Handelskammer zu Berlin dem Deutschen Handelstage mitzuteilen, der sie allen beteiligten Handelsvertretungen bekanntmacht.

§ **9.** Beschwerden über die in die Liste eingetragenen Chemiker können an die Handelskammer zu Berlin gerichtet werden; diese wird erforderlichenfalls bei der zuständigen Behörde die Zurücknahme der Bestallung beantragen.

§ **10.** Für die Untersuchung und Probenahme der Handelswaren sind zunächst folgende Bestimmungen maßgebend, welche jedoch durch die Handelskammer zu Berlin erweitert oder ergänzt werden können.

a) Die zur Untersuchung bestimmten Proben werden dem Chemiker entweder von dem Auftraggeber in sachgemäßer Verpackung und unter Siegel zugestellt, oder sie werden von dem Chemiker selbst aus der zu untersuchenden Ware entnommen.

   Bestehen über die Probenahme aus Handelswaren bestimmter Art z. B. Rohzucker, Düngemittel, Kraftfuttermittel, für einzelne Gegenden besondere Vorschriften, so hat der Chemiker diese Vorschriften zu befolgen.

b) In der Regel darf nicht die ganze Probe verbraucht werden; es muß vielmehr ein zur Ausführung von mindestens vier Nachprüfungen ausreichender Teil der Probe von dem mit der Untersuchung betrauten Chemiker vier Wochen zur Verfügung des Auftraggebers sachgemäß aufbewahrt werden. Verfügt der Auftraggeber innerhalb vier Wochen nicht über den Rest der Probe, so ist der Chemiker zur Aufbewahrung der Probe nicht mehr verpflichtet. Eine Ausnahme erleidet diese Vorschrift dann, wenn die Probe in Edelmetallen, Diamanten und anderen wertvollen Waren bestand. In diesem Falle hat der Chemiker die Probe dem Auftraggeber nach Ablauf der vier Wochen mit der Bemerkung zur Verfügung zu stellen, daß er nach Ablauf von weiteren vier Wochen über die Probe verfügen werde.

Reicht die Probe nicht aus, um den vorstehenden Vorschriften zu genügen, oder erleidet eine Warenprobe auch bei sachgemäßer Aufbewahrung Veränderungen ihrer ursprünglichen Beschaffenheit, so hat der Chemiker den Auftraggeber auf diesen Umstand aufmerksam zu machen und einen diesbezüglichen Vermerk seinem Gutachten einzufügen.

c) Sind dem Chemiker besondere Vorschriften über die Probenahme nach Art und Menge erteilt worden, erachtet er diese Vorschriften indessen nach Lage des besonderen Falles überhaupt oder doch zur Erlangung einer Durchschnittsprobe nicht für geeignet, so hat er den Auftraggeber auf diesen Umstand aufmerksam zu machen und einen Vermerk dem Bericht über die Probenahme einzufügen.

d) Soweit nicht für die Untersuchung bestimmter Handelswaren amtliche Vorschriften bestehen, hat der Chemiker sich des ihm vom Auftraggeber vorgeschriebenen Verfahrens zu bedienen. Erhält der Chemiker hierüber keine Anweisung, so ist das für die Untersuchung der Ware handelsübliche Verfahren anzuwenden.

Will der Chemiker die Untersuchung nach einem neuen Verfahren vornehmen, so hat er vorher seinem Auftraggeber hiervon Anzeige zu erstatten.

e) Sind dem Chemiker nach Maßgabe der vorstehenden Bestimmungen besondere Prüfungsverfahren vorgeschrieben, erachtet er sie aber als für den Zweck der Untersuchung für ungeeignet oder minder geeignet als andere ihm bekannte, so ist er verpflichtet, einen entsprechenden Vermerk seinem Prüfungszeugnisse oder Gutachten einzufügen.

Ebenso ist in jedem Prüfungszeugnisse oder Gutachten, soweit es zur Vermeidung von Mißverständnissen erforderlich erscheint, das befolgte Untersuchungsverfahren kurz anzugeben.

f) Die Berichte über Untersuchungen und die Gutachten sind entweder zu kopieren oder auszugsweise in ein Protokollbuch einzutragen.

Die ausgestellten Prüfungszeugnisse und Gutachten beziehen sich ausschließlich auf die untersuchten Proben. In jedem Prüfungszeugnisse ist dies besonders hervorzuheben.

g) Beeidigte Chemiker dürfen ohne Zustimmung des Auftraggebers über die Ergebnisse von Untersuchungen keine Mitteilungen an dritte Personen oder an die Öffentlichkeit gelangen lassen.

h) Die von der Handelskammer zu Berlin beeidigten Chemiker sind berechtigt, Aufträge zu Probenahmen und Untersuchungen von Handelswaren abzulehnen. Sie sind dazu verpflichtet, wenn sie sich als befangen ansehen.

i) Die Gebühren für Untersuchung und Begutachtung sind Gegenstand freier Vereinbarung zwischen Chemiker und Auftraggeber.

3. Vorschriften für die von der Handwerkskammer für Oberpfalz und Regensburg ernannten öffentlichen gewerblichen Sachverständigen.

(Vom 30. Dez. 1907.)

§ 1. Zur Erstattung von Gutachten über Güte und Preis der in ihr Fach einschlägigen Arbeiten werden nach Bedarf von der Handwerkskammer für Oberpfalz und Regensburg für ihren Bezirk auf jederzeitigen Widerruf öffentliche gewerbliche Sachverständige bestellt.

Der bestellte Sachverständige hat der Handwerkskammer unverzüglich von jeder Änderung seiner Wohnung Kenntnis zu geben.

Die Bestellung von Sachverständigen erfolgt in der Regel nach Anhörung der in Frage kommenden Innungen oder gewerblichen Vereinigungen und nach Prüfung der Befähigung und Würdigung des Bewerbers. Die Bestellung wie die Streichung aus der Liste der Sachverständigen werden in dem amtlichen Organ der Handwerkskammer für Oberpfalz und Regensburg bekanntgemacht.

Eine Liste der Sachverständigen liegt auf der Geschäftsstelle der Handwerkskammer zur öffentlichen Einsicht aus.

§ **2.** Der von der Handwerkskammer bestellte Sachverständige erhält, nachdem er sich schriftlich mit diesen Vorschriften einverstanden erklärt hat, eine Bestallungsurkunde.

§ **3.** Der Sachverständige führt ein Siegel, „Öffentlicher gewerblicher Sachverständiger der Handwerkskammer für Oberpfalz und Regensburg", welchem er bei Gutachten seine Unterschrift und sein Gewerbe beizusetzen hat.

§ **4.** Die Streichung aus der Liste der Sachverständigen erfolgt:

1. im Falle des Todes des Sachverständigen,
2. auf Antrag des Sachverständigen,
3. bei Verzug des Sachverständigen aus dem Bezirk der Handwerkskammer,
4. bei Widerruf seiner Bestellung durch den Vorstand der Handwerkskammer.

Die Bestallungsurkunde und das Siegel ist nach Streichung aus der Sachverständigenliste unverzüglich an die Handwerkskammer zurückzureichen.

§ **5.** Beschwerden über Sachverständige sind an den Vorstand der Handwerkskammer zu richten; dieser prüft sie und macht gegebenenfalles von dem Recht des Widerrufs der Bestellung Gebrauch.

§ **6.** Die Sachverständigen treten in Tätigkeit:

1. auf Ersuchen oder schriftliche Ladung der Gerichte,
2. nach Vorschlag der Handwerkskammer auf Ersuchen und schriftliche Ladung der Gerichte,
3. nach Ersuchen der Handwerkskammer auf Antrag von Privatpersonen,
4. auf direktes Ersuchen von Privatpersonen.

Die Sachverständigen sind verpflichtet, auf Ersuchen gemäß vorstehender Ziffern 1 bis 4 Gutachten zu erstatten.

Bei Zuwiderhandlungen kann Streichung aus dem Sachverständigenregister erfolgen.

§ **7.** Das Ersuchen Privater an die Handwerkskammer § 6 Abs. 1, Ziff. 3) um Vermittlung eines Sachverständigengutachtens ist schriftlich oder zu Protokoll an die Handwerkskammer zu richten. Es muß die genaue Angabe des Gegenstandes und der Fragen enthalten, über welche das Gutachten sich äußern soll, sowie die Angabe ob ein Sachverständiger oder mehrere gewünscht werden, und die Erklärung, daß beide Parteien mit der Vermittlung einverstanden sind.

Die Handwerkskammer fordert den oder die in Frage kommenden Sachverständigen innerhalb 3 Tagen schriftlich zur Abgabe der Gutachten auf.

Die Sachverständigen haben ihr Gutachten auf dem ihnen von der Kammer zur Verfügung gestellten Formular abzugeben.

Die Beantwortung ist kurz und klar zu fassen. Jede nicht zur Sache gehörige persönliche Betrachtung, Vergleichsvorschläge und Angaben über angestellte Vereinigungsversuche sind vom eigentlichen Gutachten streng getrennt zu halten.

Fühlt sich ein Sachverständiger für die Beantwortung der vorgelegten Fragen nicht kompetent, so hat er um Entbindung von seinem Amt für den betreffenden Fall mit näherer Begründung zu bitten.

Gleichzeitig mit dem Gutachten hat der Sachverständige eine Rechnung über das Honorar einzureichen (§ 11) und zwar im Falle gerichtlicher Gutachten an das Gericht und im Falle privater Gutachten an die Handwerkskammer. Im letzteren Falle händigt die Handwerkskammer das von ihr zu beglaubigende Gutachten der Partei, welche darum ersucht hat, gegen Zahlung des zufolge der Feststellung der Handwerkskammer dem Sachverständigen zukommenden Honorars aus.

Der Handwerkskammer steht das Recht zu, von demjenigen, welcher bei ihr ein Gutachten nachsucht, Sicherstellung für das Sachverständigenhonorar zu fordern.

Werden die Sachverständigen gemäß § 6, Abs. 1, Ziff. 4 von Privatpersonen direkt in Anspruch genommen, so sind sie berechtigt, ihre Gutachten durch die Handwerkskammer beglaubigen und den streitenden Parteien aushändigen zu lassen, in diesem Falle übernimmt die Handwerkskammer auch die Einziehung des Honorars (§ 11).

§ 8. Die Sachverständigen dürfen ihre Tätigkeit nur ausüben, wenn sie an der Sache weder mittelbar noch unmittelbar interessiert sind. Es ist den Sachverständigen bei Verlust ihrer

Bestallung untersagt, die bei Ausübung ihrer Tätigkeit erlangten Kenntnisse zu ihrem Vorteil oder anderer Nutzen oder Schaden zu verwerten oder dritten Mitteilung davon zu machen.

§ **9.** Die Sachverständigen sind verpflichtet, jedes Gutachten nach bestem Wissen und Gewissen zu erstatten. Lehnt ein Sachverständiger im Falle des § 6, Abs. 1, Ziff. 3 und 4 die Abgabe eines Gutachtens ab, so hat er dies unter Angabe des Grundes dem Vorstande der Handwerkskammer mitzuteilen; gleichzeitig ist der das Gutachten Beantragende von dem Sachverständigen wegen Benennung eines anderen Sachverständigen an die Handwerkskammer zu verweisen, die unverzüglich ein dahingehendes Ansuchen erledigen wird.

§ **10.** Über ihre Tätigkeit haben die Sachverständigen lediglich zu statistischen Zwecken in der von der Handwerkskammer ihnen vorgeschriebenen Art ein Register zu führen und dieses auf Erfordern zur Einsicht dem Vorstande der Handwerkskammer vorzulegen. Zu statistischen Zwecken haben sie ferner alljährlich am 1. April das vorgeschriebene Berichtsformular auszufüllen.

§ **11.** Für die Berechnung des Honorars der Sachverständigen sind in allen Fällen die §§ 3 bis 13 der Reichsgebührenordnung vom 20. Mai 1898 maßgebend.

§ **12.** Sollte in besonderen Fällen ein geeigneter Sachverständiger nicht bestellt sein, so ist die Handwerkskammer bereit, einen oder mehrere Sachverständige bestmöglichst zu beschaffen.

§ **13.** Der Handwerkskammer steht es frei, in ihr geeignet erscheinenden Streitfällen gemäß §§ 1025 (851) ff. der ZPO. ein Schiedsgericht zu ernennen, wofern sie von den Parteien um eine Entscheidung ersucht wird.

§ **14.** Zur Deckung der der Handwerkskammer entstehenden Kosten erhebt sie in den Fällen des § 6, Abs. 1, Ziff. 3 und des § 7, Abs. 8 eine Gebühr:

bei einem Streitobjekt bis zu 100 Mk.	.	1 Mk.
„ „ „ „ „ 500 „	. .	2 „
„ „ „ über 500 „	. .	3 „

§ **15.** Die vorstehenden Bestimmungen treten am 1. Juli 1908 in Kraft

4. Sachverständigen- und Gebührenordnung der Hamburgischen Gewerbekammer.

(Verfügung vom 5. August 1908 auf Grund des § 24 des Gesetzes vom 4. Oktober 1907. Hambg. GesSammlg. 1908, S. I, 114.)

§ 1. Die Gewerbekammer ernennt im Dezember für das nächstfolgende Kalenderjahr aus den Gewerbetreibenden der verschiedenen Zweige Sachverständige, die auf Ersuchen der Gerichte und Behörden oder auf Antrag von Privatpersonen über Beschaffenheit und Preis der in ihr Fach schlagenden gewerblichen Leistungen sowie über gewerbliche Gebräuche und Gewohnheiten Gutachten abzugeben haben. Diese Sachverständigen werden von dem Präses der Deputation für Handel, Schiffahrt und Gewerbe beeidigt.

§ 2. Anträge auf Erstattung von Gutachten durch beeidigte Sachverständige sind schriftlich an die Kammer zu richten oder im Bureau der Kammer zu Protokoll zu geben.

Die Anträge haben zu enthalten die genaue Angabe des Gegenstandes und derjenigen Fragen, auf welche die sachverständige Begutachtung erstreckt werden soll, sowie die Angabe, ob ein Sachverständiger oder mehrere gewünscht werden.

§ 3. Die Kammer bestimmt zur Beantwortung der gestellten Fragen den oder die Sachverständigen nach eigenem Ermessen und richtet an den oder die Sachverständigen die schriftliche Aufforderung zur Abgabe des gewünschten Gutachtens.

§ 4. Die Sachverständigen haben das Gutachten baldmöglichst schriftlich zu erstatten und es mit einer Rechnung über die ihnen zustehenden Gebühren bei der Kammer einzureichen. Das Gutachten wird, nachdem es von der Kammer beglaubigt ist, dem Antragsteller gegen Erstattung der Gebühren ausgehändigt.

Der Kammer steht das Recht zu, von demjenigen, der um ein Gutachten ersucht, Sicherstellung für die den Sachverständigen zukommenden Gebühren zu verlangen. Die Kammer übernimmt keine Gewähr für den Eingang der Gebühren.

§ 5. Die Sachverständigen haben dritten Personen gegenüber über alle Tatsachen, die ihnen in Anlaß ihrer begutachtenden Tätigkeit vertraulich mitgeteilt werden, insbesondere über Geschäftsgeheimnisse, Verschwiegenheit zu beobachten, insoweit nicht die Bekanntgabe dieser Tatsachen zur Begründung ihres Gutachtens erforderlich ist.

§ **6.** Für die Gebühren der Sachverständigen kommen die §§ 3/11 der Reichsgebührenordnung für Zeugen und Sachverständige vom 20. Mai 1898 mit der Maßgabe zur Anwendung, daß bei Sachen, die nicht beim Gericht anhängig sind, dabei an die Stelle des gerichtlichen Ermessens dasjenige der Gewerbekammer tritt.

§ **7.** Für besondere Fälle, in denen unter den beeidigten Sachverständigen eine zur Abgabe des beantragten Gutachtens geeignete Persönlichkeit nicht vorhanden ist, kann die Kammer einen oder mehrere Sachverständige ernennen, die zunächst unbeeidigt bleiben. Die Vorschriften dieser Ordnung finden auf die für diese besonderen Fälle bestellten Sachverständigen entsprechende Anwendung.

§ **8.** Für die Beglaubigung eines Gutachtens erhebt die Kammer eine Gebühr von 1 Mark. Außerdem sind die entstandenen Portokosten zu ersetzen. Für Gutachten, die auf Antrag der Gerichte erstattet werden, werden Beglaubigungs- und Portokosten nicht in Anrechnung gebracht.

Ausführungsanweisung.

(Beschlossen in der Sitzung der Gewerbekammer vom 10. Nov. 1911.)

§ **1.** Die Tätigkeit der Sachverständigen erstreckt sich gemäß § 24 des Gesetzes über die Gewerbekammer vom 4. Okt. 1907 auf die Abgabe von Gutachten über Beschaffenheit und Preis der in ihr Fach einschlagenden gewerblichen Leistungen sowie über gewerbliche Gebräuche und Gewohnheiten.

§ **2.** Die Sachverständigen treten in Tätigkeit:

a) auf Ersuchen und schriftliche Ladung der Gerichte,

b) nach Vorschlag der Gewerbekammer auf Ersuchen und schriftliche Ladung der Gerichte,

c) nach Aufforderung der Gewerbekammer infolge eines Gesuches einer Behörde oder einer Privatperson.

Auf unmittelbares Ersuchen von Privatpersonen dürfen die Sachverständigen eine Gutachtertätigkeit nicht ausüben, sie sind vielmehr in einem solchen Falle verpflichtet, die Gesuchsteller an die Gewerbekammer zu verweisen.

§ **3.** Für die Abfassung der Gutachten gelten folgende Vorschriften:

1. Das Gutachten ist auf einem Bogen weißen Papiers in Aktenformat (Folio) niederzuschreiben. Am Schlusse des Gutachtens ist immer noch so viel Raum übrig zu lassen, daß der Beglaubigungsvermerk der Gewerbekammer darunter gesetzt werden kann.
2. Die Beantwortung der Fragen, über die der Sachverständige sich gutachtlich zu äußern hat, hat klar und bestimmt zu erfolgen. Das Sachverständigenurteil ist ausreichend zu begründen.
3. Für Form und Inhalt dürfte etwa folgendes Schema einen Anhalt geben:

   In Sachen Schulze gegen Müller erstatte ich das folgende Gutachten:

   Gemäß der Aufforderung des Amtsgerichts (oder: der Gewerbekammer) vom 10. Apr. 1908 habe ich am 18. April 1908, zu welchem Termine beide Parteien geladen und erschienen waren (oder: zu welchem Termine beide Parteien geladen, aber nur Herr ..... erschienen war) (oder: bei welchem Termine Herr ..... anwesend war), eine Besichtigung vorgenommen.

   Die mir zur sachverständigen Begutachtung vorgelegte Frage, ob die in der Rechnung des Klägers unter 1—4 angesetzten Preise angemessen sind, beantworte ich nach pflichtmäßigem Ermessen dahin:

   „Die Preise der Rechnung des Klägers unter 1 und 2 sind angemessen; dagegen sind die Preise unter 3 und 4 zu hoch berechnet."

   Es hat hierauf eine Begründung der vorstehenden Beurteilung zu erfolgen, die klar und ausreichend die Ansicht des Sachverständigen erklärt, weshalb die unter 3 und 4 berechneten Preise für zu hoch angesehen werden.

§ 4. Die Sachverständigen haben, nachdem sie den Parteien Gelegenheit gegeben haben, sich zu allen Streitpunkten eingehend zu äußern, die ihnen übertragenen Gutachten mit der größten Sorgfalt und völligen Unparteilichkeit zu erstatten und dritten Personen gegenüber über alle Tatsachen, die ihnen in Anlaß ihrer begutachtenden Tätigkeit vertraulich mitgeteilt werden, insbesondere über Geschäftsgeheimnisse, Verschwiegenheit zu beobachten, insoweit nicht die Bekanntgabe dieser Tatsachen zur Begründung ihres Gutachtens erforderlich ist.

Die Sachverständigen haben im Besichtigungstermin, vorausgesetzt, daß der Antragsteller damit einverstanden ist, an die Gegenpartei die Frage zu richten, ob sie die Zustellung einer Abschrift des zu erstattenden Gutachtens wünscht. In diesem Falle hat die Gegenpartei sich der Gewerbekammer gegenüber zur Tragung der Hälfte der Kosten des Gutachtens zu verpflichten. Etwaige Vergleichsversuche sind nur vorzunehmen, wenn das Gericht oder eine der Parteien die Anregung dazu gegeben hat.

Den beeidigten Sachverständigen ist untersagt, in dieser ihrer Eigenschaft geschäftliche Reklame zu machen. Sie dürfen daher auf Briefbögen usw. keinerlei Hinweis auf ihre Tätigkeit als Sachverständige führen und haben sich auch sonst im geschäftlichen Verkehr jeden Bezuges auf ihr Sachverständigenamt zu Reklamezwecken zu enthalten. Eine Bezugnahme auf das Sachverständigenamt ist nur in Ausübung desselben und vor Gericht zulässig.

Der Aufforderung zur Abgabe eines Gutachtens — gleichviel, ob dieselbe von einem Gericht oder der Gewerbekammer ausgeht — ist unter allen Umständen Folge zu leisten (§ 407 ZPO.).

Jedoch hat der Sachverständige von Beziehungen zu einer der Parteien, welche geeignet sind, Zweifel in seine Unparteilichkeit zu setzen, Mitteilung zu machen. Im allgemeinen sind die Gründe, welche zur Ablehnung des Richters berechtigen, maßgebend (§§ 41, 42, 43 ZPO.).

Kommt der Sachverständige der an ihn ergangenen gerichtlichen Aufforderung zur Erstattung des Gutachtens nicht nach, so hat er Verurteilung zum Ersatz der Kosten und zu einer Geldstrafe zu gewärtigen (§ 409 ZPO. bzw. § 77 StrPO.).

Zur Verweigerung der Abgabe eines Gutachtens sind die Sachverständigen nur aus den in §§ 408, 383/385 der ZPO. aufgeführten Gründen befugt. (Siehe auch § 386 ZPO. und §§ 51/55 StrPO.)

Fühlt sich ein Sachverständiger für die Begutachtung der ihm vorgelegten Fragen nicht zuständig, so hat er unter Angabe der Gründe das Gericht, welches ihn geladen hat, bzw. die Gewerbekammer um Entbindung von seinem Amte für den betreffenden Fall zu ersuchen.

Wie das Sachverständigenamt auf privates Ersuchen von den Sachverständigen nicht direkt ausgeübt werden darf, so ist auch für die Übernahme des Schiedsrichteramtes den Sachverständigen zu empfehlen, sich der Vermittlung der Gewerbekammer zu bedienen.

§ 5. Der Sachverständige hat gemäß § 413 der ZPO. und § 84 der StrPO. Anspruch auf Entschädigung für Zeitversäumnis, auf Erstattung der ihm verursachten Kosten und außerdem auf angemessene Vergütung seiner Mühewaltung.

Für die Gebühren der Sachverständigen kommen im allgemeinen die §§ 3/11 der Reichsgebührenordnung für Zeugen und Sachverständgie vom 20. Mai 1898 mit der Maßgabe zur Anwendung, daß bei nicht gerichtshängigen Sachen dabei an die Stelle des gerichtlichen Ermessens dasjenige der Gewerbekammer tritt.

Die Gewerbekammer übernimmt für den Eingang der den Sachverständigen zustehenden Gebühren in keiner Weise eine Gewähr, jedoch läßt sie bei Anträgen auf Erstattung von Gutachten, wenn diese von Privatpersonen gestellt werden, die Antragsteller sich schriftlich zur Tragung der Kosten verpflichten. Auch ist die Kammer bereit, auf Erfordern der Sachverständigen einen Kostenvorschuß einzufordern und bei schwierigeren Untersuchungen den Gerichten und Privatpersonen im Vorwege die entstehenden Kosten schätzungsweise mitzuteilen.

Die Gebührenrechnung ist — unter Berechnung der für die Erstattung des Gutachtens verwendeten Zeit und der entstandenen Auslagen — bei Gericht oder bei der Gewerbekammer schriftlich einzureichen.

Sobald die Gebühr eingegangen ist, wird dieselbe dem Sachverständigen entweder per Bank überwiesen oder es wird ihm ein Quittungsformular zur Unterzeichnung zugestellt. Im letzteren Falle kann das Geld täglich während der Geschäftsstunden im Bureau der Gewerbekammer in Empfang genommen werden. Die Abhebung ist innerhalb 8 Tagen nach Eingang der Quittung zu bewirken.

§ 6. Beschwerden jeder Art sind von den Sachverständigen zunächst bei der Gewerbekammer anzubringen, die in geeignet erscheinenden Fällen das Weitere veranlassen wird.

§ 7. Die Sachverständigen werden von dem Präses der Deputation für Handel, Schiffahrt und Gewerbe in Eid genommen. Der von den Sachverständigen zu leistende Eid lautet wie folgt:

„Sie schwören bei Gott, dem Allmächtigen und Allwissenden, daß in den Fällen, in welchen Sie zur Erstattung

„von Gutachten berufen werden, Sie solche Gutachten ohne „die geringste Nebenabsicht und auf das Gewissenhafteste, „wie es einem redlichen Manne geziemt, abgeben und die „Ihnen zugewiesenen Obliegenheiten nach bestem Wissen und „Gewissen erfüllen werden.

„So wahr mir Gott helfe!"

§ **8.** Je nach Bedürfnis werden von der Gewerbekammer Sachverständige für Buchführung mit besonderer Berücksichtigung der Bedürfnisse des Gewerbestandes ernannt, die ebenfalls von dem Präses der Deputation für Handel, Schiffahrt und Gewerbe in Eid genommen werden.

§ **9.** Die beeidigten Sachverständigen für gewerbliche Buchführung stehen betreffs ihrer Tätigkeit als solche unter der Aufsicht der Gewerbekammer. Sie können, falls Tatsachen zur Kenntnis der Kammer gelangen, die die Betreffenden als zu der Tätigkeit eines Sachverständigen ungeeignet erscheinen lassen, jederzeit ihrer Funktion enthoben werden.

§ **10.** Für die Ausführung von Revisionen haben die beeidigten Sachverständigen für gewerbliche Buchführung eine angemessene Vergütung zu beanspruchen. Über die Höhe dieser Vergütung wird, falls eine Einigung mit den Auftraggebern nicht zu erzielen ist, durch die Gewerbekammer endgültig entschieden.

§ **11.** Der von den Sachverständigen für Buchführung zu leistende Eid lautet:

„Sie geloben und schwören zu Gott, dem Allmächtigen „und Allwissenden, daß Sie als beeidigter Sachverständiger „für Buchführung mit besonderer Berücksichtigung der Be„dürfnisse des Gewerbestandes die Ihnen zu erteilenden „Aufträge treu und gewissenhaft erfüllen, über das dabei „zu Ihrer Kenntnis Kommende strengste Verschwiegenheit „beobachten und überhaupt Ihre amtliche Tätigkeit nach „bestem Wissen und Gewissen ausüben wollen.

„So wahr mir Gott helfe!"

Sachverzeichnis.

GPSR Compliance

The European Union's (EU) General Product Safety Regulation (GPSR) is a set of rules that requires consumer products to be safe and our obligations to ensure this.

If you have any concerns about our products, you can contact us on ProductSafety@springernature.com

In case Publisher is established outside the EU, the EU authorized representative is:

Springer Nature Customer Service Center GmbH
Europaplatz 3
69115 Heidelberg, Germany

Batch number: 10844627

Printed by Printforce, the Netherlands